読みなおす日本史

戦国時代の終焉

「北条の夢」と秀吉の天下統一

齋藤慎一

吉川弘文館

まえがき

　戦国時代。京都を中心に起こった応仁の乱（一四六七〜七七）の頃から、とりわけ東国では応仁の乱に先立つ享徳年間（一四五二〜五五）から、天正十八（一五九〇）年の北条氏滅亡にいたるまでのおよそ一五〇年間をいう。語彙《ごい》に示されるようにまさに戦乱が列島を覆った時代であった。

　戦国時代の終わりの天正十二（一五八四）年。羽柴秀吉は徳川家康・織田信雄《のぶかつ》と天下を争い、濃尾《のうび》平野に陣を張った。著名な小牧《こまき》・長久手《ながくて》の戦いである。同十年の清洲《きよす》会議で織田信長嫡孫三法師《さんぼうし》（のちの織田秀信《ひでのぶ》）を擁立して後継者の道を歩みはじめた秀吉が、権力者としてその地位を固めるために戦った重要な合戦として知られている。

　秀吉は犬山城に、対する徳川家康・織田信雄は小牧山城に本陣を据え対陣した。濃尾平野での戦況が膠着《こうちゃく》するなか、秀吉方は三河攻めを計画し、池田恒興《つねおき》・森長可《ながよし》・三好秀次《みよしひでつぐ》らを派遣するが、徳川家康はこの動きを察知する。そのため池田恒興・森長可は討ち死にし、もろくも惨敗。秀吉は濃尾平野で雌雄を決することなく大坂に帰陣する。戦場での勝負は徳川家康・織田信雄に優位に動いていた。しかし政治的手腕にまさる秀吉は、外交交渉を通じて両者を帰属させるにいたる。秀吉・家康の関係を語る上でも欠かせない合戦である。

この小牧・長久手の戦いと同じ頃、下野《しもつけ》国、今の栃木県の南部で一つの合戦が起こった。「沼尻《ぬまじり》の合戦」である。この合戦、実は今まではおよそ知られることはなかった。詳しく書かれた近年の歴史書ですら、名称が登場する程度であった。江戸時代の編纂物では合戦が行われた年次を間違えたものが大半でもあった。このように注目されていたとは言いがたい合戦である。しかしこの合戦は中世から近世へと移行する時代にあって、実に意味のある合戦だった。

相模《さがみ》国小田原に本拠地を置いた北条家。毛利家・武田家・伊達家とならぶ代表的な戦国大名である。そしてその圧力を受けていた佐竹・宇都宮などの北関東の諸家。この両勢力は関東平野の覇権をめぐって争っていた。その最後の決戦が沼尻の合戦だった。

戦場での決着は、双方とも大きな戦果がなく、長期にわたる対陣の末に和平となった。引き分けである。ところが政治的巧者である北条氏政《うじまさ》・氏直《うじなお》父子は戦後処理を順調に行い、その後の北関東情勢において著しく優位に立った。これにより佐竹義重《よししげ》や宇都宮国綱《くにつな》などは窮地に追い込まれてしまう。北条氏政・氏直による関東統一はもはや目前に思われた。

しかし、沼尻の合戦が起きたのは戦国時代末。時代はこの合戦を関東地方の地域紛争に留《とど》めなかった。列島の規模で連結し、沼尻の合戦を新しい時代に向かうステージに押し上げていた。羽柴秀吉と徳川家康・織田信雄が戦った小牧・長久手の戦いとの連動である。

北条氏政・氏直は徳川家康と、佐竹義重ほかの北関東の諸領主は羽柴秀吉に気脈を通じていた。そのため濃尾平野で戦う家康と秀吉の構図が、下野国でそのまま展開されたのだった。沼尻の合戦の最中は秀吉・家康ともにその戦況の行方に注意を払っていた。自らの立場に影響を及ぼすからである。

それゆえに沼尻の合戦の勝敗は現地での当事者だけで決定できる状況ではなく、中央の情勢が左右するようになっていた。天正十二年以降、北条氏政・氏直は秀吉への敵対者に位置づけられていたのである。北条氏政・氏直は課題とする関東地方にあっては結果として優位な情勢に立っていたにもかかわらず、大局的には徐々に窮地に追い込まれていった。当事者の当主そのものが戦場に赴いた合戦であっても、武力でことの勝敗が決するのではなく、中央の政治情勢が合戦の勝敗を判断するのである。戦場の武力がその後の政治情勢を決することができなかった。もはや戦国時代は終わりを告げていた。結果的に北条氏直はわずかな期間ではあったが関東の戦国大名から豊臣大名へと姿を変えたのだった。

従前は、天正十七年の上野《こうずけ》国名胡桃《なぐるみ》城（群馬県利根郡月夜野町）奪取という事件が引き金となり、小田原城攻めが行われ、戦国大名北条家の滅亡。すなわち天下統一。このように劇的な変化が語られていた。しかし沼尻の合戦前後の情勢を丁寧に見てみると、豊臣政権による関東領国化は着実に進行していた。北条氏直の秀吉への臣従も確定されていたのであり、もはや最後の手続きを残す段階であった。そこに起きたのが名胡桃城奪取の事件だった。天正十八年の小田原城攻めという大きな合戦を経なくても、関東は確実に豊臣政権に帰属していた。

沼尻の合戦の前後の情勢は、東国における中世の終焉と近世の幕開けをさまざまな角度から語っている。さらには北関東という限られた地域から中央の歴史の変動をも描いている。「豊臣の天下」と「北条の夢」という対立する二つの事項には、戦国時代末の「中央の論理」と「地方の自立」という相剋関係が照射されている。中世から近世へという「時代の移り変わり」の難しい局面を私たちに語りかけてくれる。

〔カバー〕沼尻古戦場

写真上方に、万葉集にも詠まれた三毳《みかも》山を南側から望む。その西側の干拓地が越名沼として古文書に登場する安蘇沼の跡。山の手前側、干拓された谷が沼尻古戦場の沼にあたる。沼の南側を東西に流れる川が渡良瀬川。三毳山から渡良瀬川の間、沼の西側には北条方、東側には佐竹・宇都宮方の軍勢が陣所を構えて対陣した。（栃木市教育委員所蔵の航空写真）

目　次

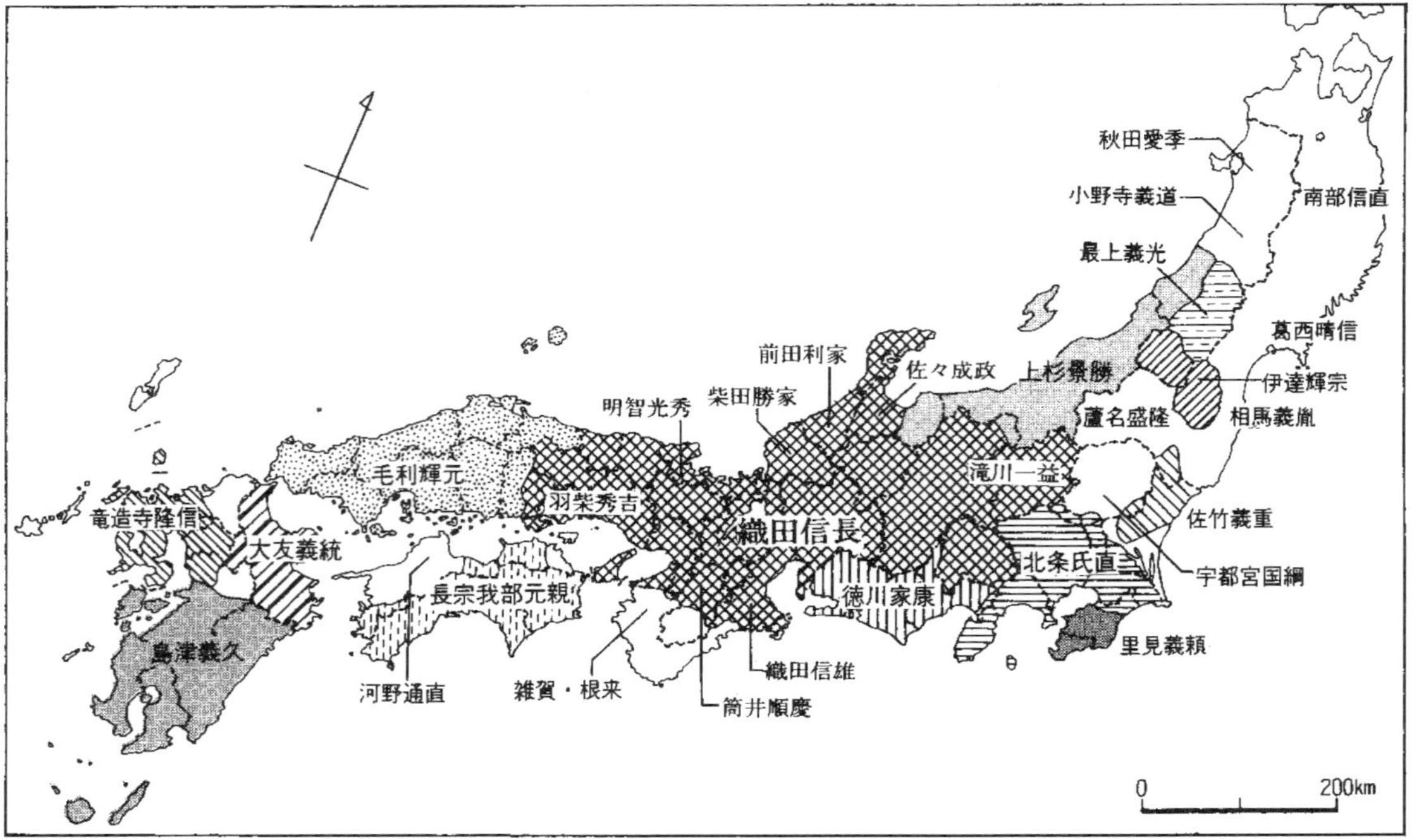

天正10年の国大名割拠図

第1章　織田信長と北条氏政・氏直　天正十年まで

1　織田信長と東国

本能寺の変から始まった

「是非におよばず」
明智光秀《あけちみつひで》謀叛《むほん》を知らせた森蘭丸《もりらんまる》に応《こた》えて、織田信長はこのように言葉を発したと『信長公記《しんちょうこうき》』は伝えている。天正十（一五八二）年六月二日、本能寺の変に際してである。

本能寺の変は織田信長から豊臣秀吉へと政権担当者を替えることになった、政治史上で大きな意味を持った事件であることは周知のとおりである。しかし、この事件は東国にも確実に影響を与えていた。

事件勃発《ぼつぱつ》からわずか九日後には、関東の戦国大名北条氏政《ほうじょううじまさ》（一五三八〜九〇）にも情報がもたらされていた。悲報を受け取った氏政は、この当時、織田家の大名として関東に君臨していた滝川一益《たきがわかずます》（一五二五〜八六）へ早飛脚を送る。「このような状況にいたっては、その地厩橋《まやばし》（群馬県前橋市）を堅固にかかえることがもっとも重要です」とアドバイスし、さらに「私どもに毛頭お疑いは持たないように。千万に一つでもそのような妄《みだ》りの様子があれば、このたびの逆心人に対して、そちら様の鬱憤《うつぷん》がさらに晴らしがたくなります。余計なことではありますが、氏政父子に相談してください。すべてについて精一杯親疎なく大小事すべてについて申し合わせます」と協力の約束を申し入れる。

北条氏政は戦国大名北条家の四代目当主。父は武田信玄（一五二一〜七三）や上杉謙信（一五三〇〜七八）と同じ時代を生きた北条氏康《うじやす》（一五一五〜七一）である。氏政の兄弟には武蔵《むさし》国八王子城主であった二男北条氏照《うじてる》（?〜一五九〇）、同鉢形《はちがた》城（埼玉県大里郡寄居町）城主であった三男北条氏邦《うじくに》（?〜一五九七）、そして伊豆国韮山《にらやま》城主の四男氏規《うじのり》（一五四五〜一六〇〇）、下野国佐野城主の五男氏忠《うじただ》（生没年未詳）がいた。

氏政の嫡子は五代目当主北条氏直《うじなお》（一五六二〜九一）。氏政は天正八年に家督を氏直に譲った。しかし天正十八年の北条家滅亡にいたるまで氏政は隠居ながらも実権を持ち、氏直とともに二頭体制で戦国末期の難局に立ち向かった。

氏政よりの書状を受けた滝川一益は素直に受け取らなかった。この書状を一見して謀《はかりごと》と心得て返事におよばなかった。そして北条氏政・氏直と一戦を遂げると評議一決したという。事態はそのまま北条氏直と滝川一益が激突する神流川《かんながわ》（埼玉・群馬両県の境を流れる）の合戦を迎える。

のちの歴史から見れば、本能寺の変が契機となり、関東では沼尻《ぬまじり》（栃木県下都賀郡藤岡町）の合戦を不可避にし、そのまま北条家滅亡へと連なる。京都の一事件が関東の大事件に結びついている。まずはその前提から解き明かしていきたい。

北条氏政の秘策

北条氏政は織田信長と接触を持っていた。信長の家臣である太田《おおた》牛一《ぎゅういち》（一五二七〜？）が記した織田信長の伝記『信長公記』には、北条氏政や氏照が送った使節についての記事が書き留められている。初見は天正七（一五七九）年九月十一日。北条氏照からの使者が上洛し、鷹三羽を献上した。このとき、どのような内容のやり取りがなされたかはわからないが、翌月二十五日には武田家を攻めるため北条氏政が小田原から三《み》島《しま》に出陣し、織田家に対して味方であると意思表示がされたと記している。氏照使者の上洛とこの出陣が関連することは間違いない。

翌天正八年三月、北条氏政・氏照は使者を信長のもとに派遣した。三月九日、滝川一益を取次として北条氏政から鷹一三羽と

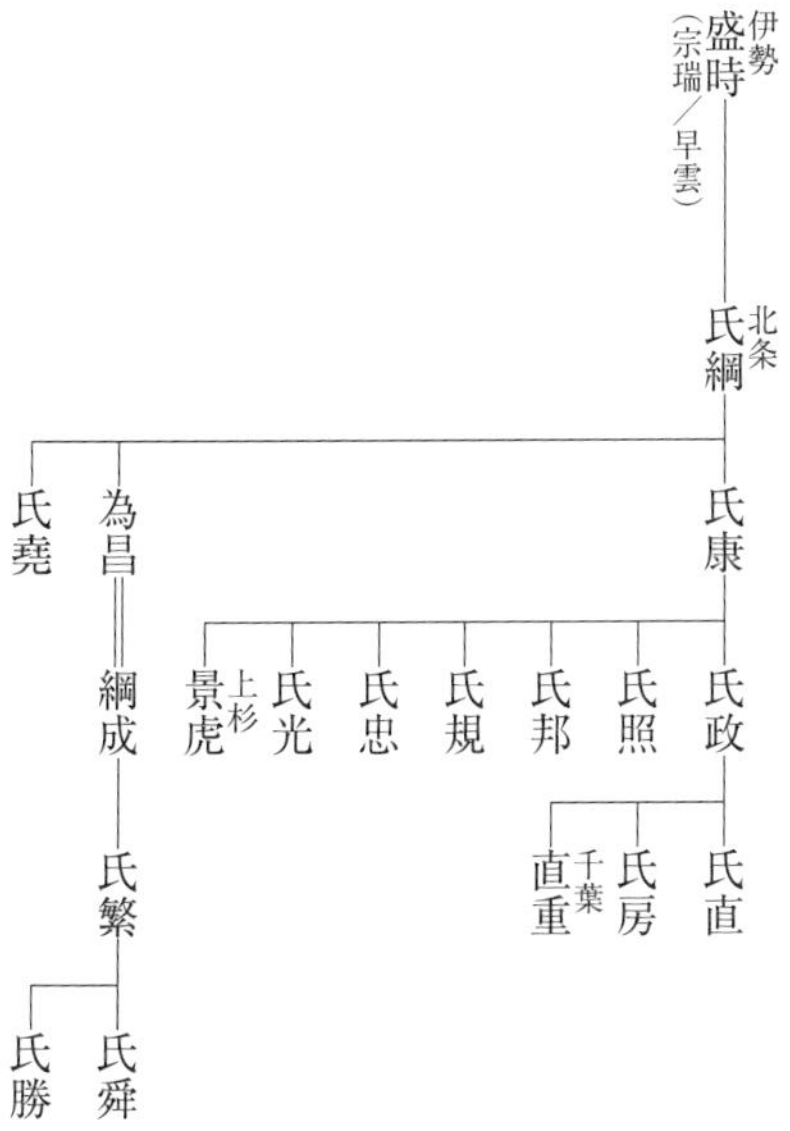

北条氏略系図

馬五疋《ひき》が京都本能寺で信長に献上され、十日に信長と北条家の使節との対面があった。使節は氏政使節が笠原康明《かさはらやすあき》、氏照使節が間宮綱信《まみやつなのぶ》。対面に際して、北条側は白鳥二〇羽・熨斗《のし》一箱・鮑《あわび》三〇〇・煎《い》り海鼠《なまこ》一箱・江川酒《えがわしゅ》（伊豆国田方郡韮山産）三種二荷を進上した。

九日および十日の進物そして上洛にともなう北条家の費用はかなりの額にのぼった。上洛経費は北条領国全体に課した上、配分して捻出された。尋常ならざる負担であった。過重な負担をしてまで、使節を上洛させる北条家の真意は何だったのか。その目的が十日の対面で織田家に伝えられた。北条家の意向は「北条家と織田家が縁戚となって、関東を織田家の分国としたい」という申し入れだった。この申し入れに対して織田家の感触は悪くはなかった。

十三日、信長は小田原への土産費用として使節に金銀一〇〇枚を下賜する。また京都見物の世話もしていた。この日、笠原・間宮両人は京都御所を見物した。その後、信長の本拠地である近江《おうみ》国安土《あづち》に下った。信長も十九日に安土に帰城していることから、使節は安土城を見物したであろう。二十一日、信長は北条氏政・氏照に返礼の進物を贈る。氏政には虎皮二〇枚・縮《ちぢみ》三〇〇端・猩々皮《しょうじょうひ》一五枚、氏照には段子《どんす》二箱。この品々を持ち、使節は一連の対面を終えて小田原への帰路についた。

対面に先立つ三年前の天正五年十月二十六日、北条氏政は京都吉田神社神主の吉田兼見《よしだかねみ》（一五三五～一六一〇）のもとに使節を派遣し、ある相談をしている。その内容について兼見は「国の義」としか日記に書き留めていないが、すでにこのときに縁組みと織田領国への編入について検討を開始していたのだろう。

列島が統一に向かって動き出す頃、北条氏政は「北条家と織田家が縁戚となって、関東を織田家の分国としたい」という秘策を提案する。この背後には織田政権の枠組みの中で、関東の主となって、関東を統一したいという意思があったことはいうまでもない。

武田家の滅亡

天正十（一五八二）年三月十一日、戦国大名武田勝頼《かつより》（一五四六〜八二）は甲斐《かい》国天目山麓《てんもくさんろく》の田野《たの》（山梨県山梨郡大和村）で自刃し、武田家が滅亡した。織田勢の出陣は美濃国から織田信忠《のぶただ》が二月十二日、伊勢国から滝川一益が同じく十二日であった。北条氏政・氏直はこの出陣を二十二日に伝え聞いている。三月二日、信濃国高遠《たかとお》城（長野県上伊那郡高遠町）が落城したのを皮切りに、武田勝頼は退勢を挽回できず、ついには数日のうちに武田家は滅亡したことになる。信長自身も「このように三、四十日で一変してしまったのは、我ながら驚き入るばかりである」と述べている。

織田信長の縁戚を期待する北条氏政・氏直は当初から呼応して武田家攻めに加わる必要があった。二月下旬、北条氏政は駿河《するが》国東部に出陣する。武田家の拠点であった徳倉《とくら》城（静岡県駿東郡清水町）を攻め、二十八日に一〇〇〇余人を討ち捕らえて落城させた。そしてそのまま西へと軍勢を進め、三《さん》枚橋《まいばし》城（同県沼津市）を自落させ、三月二日には吉原《よしわら》城（同県富士市）を落とす。一日には御殿場《ごてんば》の深《ふか》沢《さわ》城（同県御殿場市）も自落。駿東地域の武田勝頼の拠点はことごとく北条家に接収された。二十九日段階で戦況は北条家から滝川一益のもとに報告されている。武田家滅亡に際して、北条氏政・氏直は織田信長に呼応し、駿東地域で一定の活躍をしたのだった。信長も「相州氏政は駿河に在陣して、ひとかどの働きをした」との認識を示している。

このとき、北条家は上野国についても食指を動かしていた。北条氏政は二月十六日に弟の氏邦に上野国方面の情報収集を命じた。そして二十日には出陣準備を命じ、五日のうちに軍勢を集めるように指示している。さらに氏邦に対して西上野・甲斐・駿河のいずれかが出陣先と報じ、厩橋城に拠点を構える北条高広《きたじょうたかひろ》（生没年未詳。「きたじょう」と読む。小田原の北条家と区別するため、以後は本姓である毛利を冠して毛利北条と記す）に対して計策を用いず、確実に乗っ取るようにと命じている。

毛利北条高広は鎌倉御家人毛利氏の系譜を引く、越後国佐橋《さばし》庄北条（新潟県柏崎市）の領主。上杉謙信より北関東の重要拠点であった厩橋城を任され、同城を拠点に勢力を振るった。しかし戦国時代の上野国は上杉家・武田家・北条家・織田家の争奪戦場となったため、何度となく難局に陥り、自らの存続をかけていくたびも苦しい選択を行った。このときの上野国攻略に際しても、最初の標的とされたのだった。

上野国には毛利北条高広のほかにもう一人重要人物がいた。信濃国から上野国かけて基盤を持った真田《さなだ》昌幸《まさゆき》（一五四七～一六一一）である。氏邦は三月十一日付で真田昌幸に北条氏政・氏直へ帰属するように書状を送った。その書状には榛名山《はるなさん》南山麓を支配する和田信業《のぶなり》・昌繁《まさしげ》が北条氏政・氏直に属したと書き添えられている。確実に上野国を治めようと行動していたのだった。

武田勝頼の滅亡に際して駿河・上野両国に展開した北条氏政・氏直であったが、織田信長の評価は「相州氏政は駿河に在陣して、ひとかどの働きをした」であった。上野国における活動は評価の対象にはなっていない。結果的に上野国へは滝川一益が入国し、北条氏政・氏直の領国になることはなかった。この時点で織田信長と北条氏政・氏直の考えに隔たりが生まれたのは間違いないだろう。

「北条の夢」

天正十（一五八二）年三月二十八日、北条氏政は伊豆国の三嶋大社（静岡県三島市）に願文《がんもん》を奉納する。戦国大名武田家の滅亡を受け、そして滝川一益が関東に入部してまもなくの時期である。政治体制の変化を意識しての奉納であることは間違いない。

この願文には、「信長公が兼ねての約束のとおり、御輿《おこし》を北条家に入れられて、両家の入魂《じっこん》が深くなれば、すなわち関東八州は氏直の本意《ほい》に属することは歴然である」と記している。この願文が天正八年三月十日に織田家に伝えられた「北条家と織田家が縁戚となって、関東を織田家の分国としたい」という申し入れに対応していることは間違いない。

この願文奉納の主旨は何だったのであろうか。北条家家臣の清水康英《しみずやすひで》（？～一五九一）は何らかの点で意見があったらしく、北条家家臣の板部岡江雪斎《いたべおかこうせつさい》（一五三六～一六〇九）のもとに意見書を出す。清水の意見の核心はわからないが、注目すべきは氏政の返書である。書中で「願文の趣旨は国主の儀であるので、当主である氏直が願文の子細を遣わすべきである。しかし、『輿』の一ヵ条が重要であるので婚礼当事者である氏直が子細を書くのは難しい。それによって愚老がこのように書き遣わした」と書き送っている。

願文の趣旨は国主のことであり、この部分が願文の、「関東八州は氏直の本意に属することは歴然である」に対応することは明らかである。このように理解すると、「関東を織田家の分国としたい」と申し入れたことの真意も、より明らかになろう。

すなわち関東の国主となること。これが、「北条の夢」だったのである。天正十年代、北条家はつねにこの夢を見続け、時代の変化に対処していたのだった。

2 北条氏政の領国拡大

関東の情勢

年代は遡《さかのぼ》るが、天正十（一五八二）年の本能寺の変にいたるまでの北関東を中心とした政治情勢を確認しておきたい。

永禄年間（一五五八〜七〇）、上杉謙信がしばしば関東平野に攻め込んだ。越山《えつざん》と通称される。越山のたびに北関東の領主の帰属が変更するという、謙信と北条氏康の対立が鮮明な時代であった。北関東の佐竹義重（一五四七〜一六一二）を盟主に義重の甥《おい》宇都宮国綱（一五六八〜一六〇七）や下野国の名族小山秀綱《おやまひでつな》（一五二九〜一六〇三）といった諸領主が、謙信の助力を得て北条氏康そしてその息子氏政と対置していたのだった。しかし、越山も天正二年が最後となる。北関東の諸領主は謙信抜きで自らの基盤を守らざるを得なくなっていく。

天正二年閏《うるう》十一月十九日、下総《しもうさ》国関宿《せきやど》城（千葉県野田市）が開城となった。城主簗田晴助《やなだはるすけ》・持助《もちすけ》父子（ともに生没年未詳）は北条氏政に和して、城を明け渡した。簗田晴助・持助は、関東において室町幕府足利家の権威を継承する古河公方《こがくぼう》足利家の重臣として、この地を治めていた。関宿は関東平野中央部にあり、利根川水系と常陸川水系という二大河川水運の接点にあたる。政治的・経済的そして軍事的に重要な地であった。北条氏康は「一国を取られても、替えることができない」と述べるほどこの地を重視しており、関宿城を取るという意志には確固たるものがあった。関宿城を得た北条氏政は、その領国を北関東へと向けて大きく拡大させることになる。

関宿城の次に標的となったのは下野国祇園《ぎおん》城（栃木県小山市）である。祇園城は平安時代より下野南部に勢力を誇った秀郷《ひでさと》流藤原氏である小山家の本拠であり、この時点での城主小山秀綱は、上杉謙信に呼応して反北条の立場にあった。

北条氏政と小山秀綱は天正三年四月には戦争状態となった。祇園城の西方を固める支城榎本《えのもと》城（栃木県下都賀郡大平町）への攻撃が小山攻めの本格化を告げた。天正三年六月段階では榎本城での奮戦が知られているが、やがて落城。小山家の拠点の一角が崩れ、「小山落居歴然《らつきよ》」という状況となり、最終的には祇園城も開城せざるを得なくなった。祇園城を落とした北条勢は余勢をかって宇都宮すらうかがっている。小山秀綱は小山家の祇園城での存続を願い、常陸国太田（茨城県常陸太田市）に本拠を置く大名佐竹義重や上杉謙信などへしきりに工作したが、努力むなしく北条勢の一方的な勝利となってしまう。

天正五年二月十七日、上杉謙信は没落した小山秀綱の庇護《ひご》を、佐竹義重に依頼する。本領を失った小山秀綱の名前は、古河公方足利義氏《よしうじ》への天正五年の年頭挨拶の書き立てにも見られない。年頭の出仕ができないほどの状況に小山秀綱は追いつめられてしまったのである。近隣の領主による小山・北条間の和平交渉が継続したようであるが、その成果もむなしく、小山秀綱はただ祇園城への帰城を祈念するばかりとなってしまう。

祇園城の開城は北関東に新たな局面をもたらした。北条勢は伊勢崎《いせさき》（群馬県伊勢崎市）に拠点を構え、軍勢を厩橋方面に対置させた。また祇園城には北条氏照を入城させ、下野方面の拠点とした。祇園城は北条領国の国境に置かれた城として機能することになる。

祇園城を拠点とした北条氏照は北条家の最盛期に重要な働きをした人物である。三代氏康の次男であったが、幼少にして武蔵国多摩地方に勢力を誇った大石道俊《おおいしどうしゅん》の養子になり、武蔵国由井《ゆい》城（別称、浄福寺城。東京都八王子市）に入城した。その後、武蔵国滝山《たきやま》城・八王子城（ともに東京都八王子市）

を本城とする。北関東においては下総国栗橋城《くりはし》（茨城県猿島郡五霞町）を重要な拠点として、古河公方足利家と密接に関わるなど、下野国方面を中心に政治的・軍事的活動を展開する。沼尻の合戦でも先陣を務めるなど重要な働きをした。概して北条家内では強硬派として知られ、対豊臣交渉においても主戦論を展開したといわれる。そのため小田原開城時には、責任者として兄氏政とともに切腹を命じられた人物である。

北条氏照の祇園入城は天正五年二月頃であったようで、入城直後に普請を開始している。祇園城を守る軍勢は、氏照の本拠である武蔵国西部から番衆を組んで交代で派遣されていた。祇園城付近は領国の境界として、緊張感が漂っていたことが想像される。

佐竹義重の対抗

小山秀綱を庇護した佐竹義重は、北条氏政の北関東攻撃を回避するため、軍事行動の活発化を余儀なくさせられる。小山が北条氏政の磐石《ばんじやく》な拠点となれば、周辺で反北条の立場にあった佐野宗綱《さのむねつな》（？～一五八六）・皆川広照《みながわひろてる》（一五四八～一六二七）・宇都宮広綱（一五四三～八〇）といった下野国の領主層に加え、結城晴朝《ゆうきはるとも》（一五三四～一六一四）・真壁氏幹《まかべうじもと》（一五五〇～一六二二）などの下総国・常陸国にまで影響が出かねない状況を生む。必然的に小山秀綱に続き、佐竹義重に対して助力が求められる。それに応えなければ、北条氏政の勢力がさらに拡大する。義重は彼らとともに祇園城を奪還することが、ひいては自身の安全に結びつくと理解したはずである。

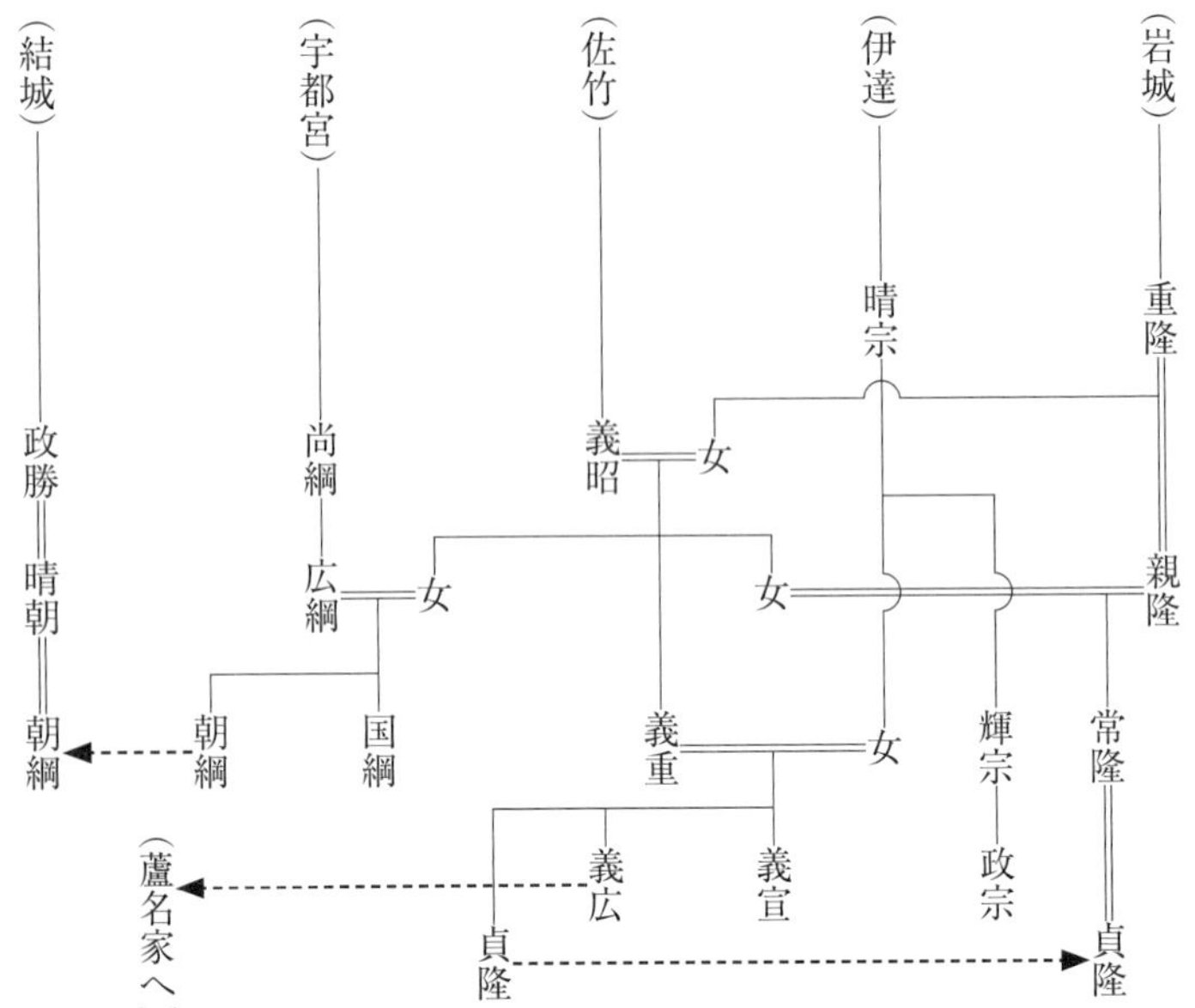

北関東・奥羽諸領主の関係図

佐竹義重は「鬼義重」と呼ばれるほどの勇猛な武者として知られていた。平素より合戦にのぞむ心構えを忘れず、武具の手入れを怠らなかったという。同時に、日常生活においてつねに外敵に対しての用心を忘れず、細心の注意を払っていたという。そのような義重であるから、祇園城の奪還に取り組んだことも当然のことである。

天正七（一五七九）年七月には、まず結城晴朝が祇園城を攻めた。この結城晴朝は小山秀綱の実の弟にあたる。結城家と小山家は同族であり、しばしば相互に養子をもらい家を存続させていた。したがって結城晴朝は兄のために出陣したということになる。このときは外宿を取り破り、内宿まで攻め込む。さらには西の榎本城近辺まで攻め込んでいる。

同年秋には佐竹勢が出陣する。また天正九年には甲斐国の戦国大名武田勝頼と示し合わせ北条領国北部を攻め荒らす。勝頼は西上野から東上野の新田《にった》領（群馬県太田市周辺）を、佐竹勢は榎本城を攻めるという大規模な戦略を廻《めぐ》らした。しかし祇園城は小山秀綱のもとに返ることはなかった。

これ以後、佐竹義重の小山奪還の行動は沼尻の合戦まで継続することになる。

由良国繁と長尾顕長兄弟

北条領国北部の境界には変化がないままであったが、佐竹義重の戦線は徐々に拡大していった。天正八（一五八〇）年九月、佐竹義重は佐野宗綱と打ち合わせ、上野国館林《たてばやし》（群馬県館林市）を攻めた。当時、館林城は長尾顕長《ながおあきなが》（?～一六二一）の本城であった。長尾家は関東管領山内上杉家《かんれいやまのうちうえすぎ》の重臣として活躍し、上野国内の惣社《そうじゃ》（群馬県前橋市）・白井《しろい》（同県北群馬郡子持村）、越後国上田庄《うえだ》（新潟県南魚沼市周辺）など各所に一族が栄えた。このうち館林を本拠としていたのは、以前に下野国足利を基盤としていた長尾家で、各地の長尾家と区別して足利長尾氏と呼ばれている一族である。時の当主は長尾顕長。実のところこの顕長は上野国新田領の金山《かなやま》城（群馬県太田市）を本拠とした由良成繁《ゆらなりしげ》（一五〇六～七八）の子であり、長尾景長《かげなが》（一五二七～六九）の養子となって長尾家を継いだ人物である。したがって当時の由良家当主であった由良国繁《くにしげ》（一五五〇～一六一一）の弟にあたる。その縁があり由良国繁と長尾顕長はしばしば行動を共にしていた。そしてこの時点では二人とも北条氏政・氏直に属していた。

兄の由良国繁が居城とした金山城では、近年、史跡整備にともなう発掘調査が行われた。その結果、戦国時代としては珍しく石垣で固めた山城であることがわかった。確認された石垣の景観は戦国時代最末のものであるが、一部は由良国繁の時代にまで遡る可能性もある。もし時代の最先端技術を導入して山城を構えたとすると、由良国繁は時代を先取りする視野を持っていた人物であるかもしれない。

さて、長尾顕長が領する下野国足利（栃木県足利市）は、反北条の色を明らかにする佐野宗綱の本領佐野（栃木県佐野市）と隣接している。危機感を禁じ得なかった佐野宗綱は、佐竹義重と打ち合わせて館林に長尾顕長を攻めている。

この館林攻めは連年にわたって実施されている。特に先に触れた天正九年に武田勝頼が新田領に攻め入った際にも館林攻めは行われており、由良国繁・長尾顕長兄弟は東西から攻め込まれていたことになる。

しかし、佐竹義重はこの由良国繁・長尾顕長兄弟に対して軍事的な対応だけで臨んだのではなかった。交渉によって翻意を促していた形跡がある。天正七年十一月の段階には「由良・長尾両氏は佐竹へ内々に申し寄られており、帰属は半ばの状態である」などと記載された史料があり、佐竹義重からの画策が実行されていた可能性は高い。

北関東の国境

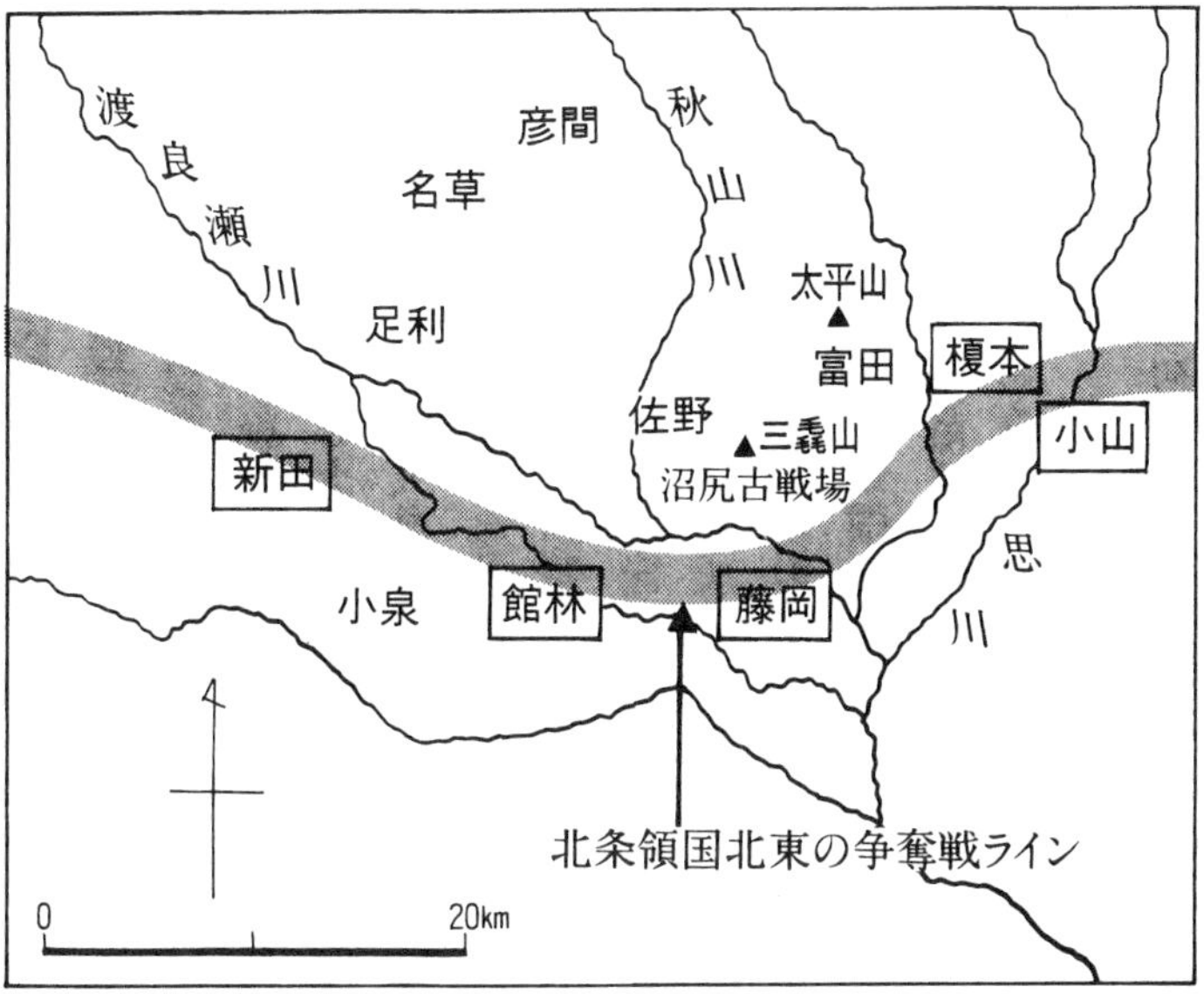

天正10年頃までの上野国東部・下野国南部

天正五（一五七七）年以降、北関東での合戦は下野国南部および上野国東部で行われていた。いずれも北条領国の北の境界ということになる。舞台となった城々は上野国では金山城・館林城、下野国では藤岡城（栃木県下都賀郡藤岡町）・榎本城・祇園城などで、これらの城館を結んで北条領国の防衛線を引くことができる。

北条領国東北部の境界線にほど近い、この新田・館林・藤岡・榎本・小山ラインをめぐる帰趨が、北条氏政と佐竹義重を中心とした反北条勢にきわめて密接に関わっていた。天正五年以降、佐竹義重が攻勢に出ていたことは概観してきたとおりであるが、対する北条氏政は同じ時期にこの国境付近においては大規模な軍事行動を起こしていない。北関東では佐竹義重の優勢が徐々に見えはじめていたのである。

3　滝川一益の関東入り

関東の織田領国

天正十（一五八二）年、織田信長家臣である滝川一益が箕輪《みのわ》城（群馬県群馬郡箕郷町）に入城し、上野国が織田領国に編入される。中央の政治秩序が関東にもたらされた。一益を中心に関東での新たな秩序が目指されていた。事態は大きく変わろうとしていたのである。

滝川一益の関東への入国について正式な決定は三月二十三日で、信濃国諏訪の法養寺《ほうようじ》にて申し渡された。伊予守《いよのかみ》任官と上野国および信濃国佐久《さく》・小県《ちいさがた》両郡も宛行《あてが》うと同時に、信長は一益を呼び寄せて、①「関八州の御警固」、②「上野国在国」、③「東国に関する御取次《おとりつぎ》」の三点を命じた。

滝川家の系図である「紀氏滝川系図」には「関東八州の管領職を給う」と記載し、関東管領就任と明示している。関東管領とは室町時代に鎌倉公方足利氏を補佐するために置かれた役職で、その歴代を上杉一族が独占していた。当時の関東において関東管領の語の持つ伝統的な意味はきわめて大きい。ただ残念なことに同時代の他史料には「目付」・「東国の警固」などの語が見られるのみで、「管領職」の語は見当たらない。しかし活動からすれば関東および陸奥の権限を任されたと考えて間違いない。

管轄範囲に陸奥が含まれることから、実際には関東管領以上の権能を期待されていたのだろう。ところが上野入国は必ずしも茶の湯に通じた一益の意に適《かな》ったものではなかった。武田攻めの褒美には「信長秘蔵の『珠光小茄子《じゅこうこなすび》』をと申し上げる覚悟であった。ところが結果はそのようではなく、上野国という遠国に在国することを命じられた。このようなことでは私の茶の湯の冥加《みょうが》は尽きてしまいます」と嘆いている。茶の湯の世界から縁遠くなることを思い、上野国赴任を「知ることのない地獄に落ちてしまった」と記すところには、悲嘆の奥深さがうかがえる。

滝川一益の当初の拠点は箕輪城であったようで、決定に先立って一万騎を率いて三月十九日に入城。そして同月下旬までには厩橋城に拠点を移している。具体的な施策の開始はそれ以後であろう。

関東の領主たちの出仕

四月に入ると関東各地の領主が、滝川一益のもとに出仕を申し出る。天正八（一五八〇）年に没した宇都宮広綱の跡を継いで当主となっていた嫡男国綱が「出陣の儀」と記して三日付の書面で出仕を申し入れた。五日には皆川広照の「御見廻《おみまわり》」の申し出に一益が返書して、名代ではなく自らの出仕を求めている。六日には西上野をはじめ、新田・那波《なわ》・厩橋ならびに深谷（埼玉県深谷市）・鉢形そのほかの地域領主が厩橋に出仕した。また日時不詳であるが、滝川家の記録である『滝川一益事書』には内藤昌月《ないとうしょうげつ》・小幡信真《おばたのぶざね》・和田石見守《わだいわみのかみ》・由良国繁・長尾顕長・安中左近《あんなかさこん》・上田案独斎《うえだあんどくさい》・木部宮内少輔《きべくないしょうゆう》・高山定重《たかやまさだしげ》・深谷左兵衛尉《ふかやさひょうえのじょう》・成田氏長《なりたうじなが》・倉賀野家吉《くらがのいえよし》・真田昌幸などの上野・武蔵国内の諸将が出仕したと記している。

滝川一益に意を通じてきた領主は北関東にとどまらない。房総の領主については、四月六日に上総《かずさ》国長南豊信《ちょうなんとよのぶ》に対して出仕が促されている。安房《あわ》・上総両国の大名里見義頼《さとみよしより》（？～一五八七）も一益に意を通じており、十六日には返書が出された。常陸国では北条氏康によって武蔵国岩槻（埼玉県さいたま市岩槻区）を追われ、佐竹義重を頼っていた太田道誉《おおたどうよ》（一五二二～九一）・梶原政景《かじわらまさかげ》（生没年未詳）父子が五月下旬に滝川一益に伺候《しこう》している。

諸領主の出仕にともない、滝川一益のもとで関東出身の人物の働きも見られるようになる。長南豊信に出仕を促したり、梶原政景を取り次いだ人物は上野国倉賀野（群馬県高崎市）の領主倉賀野家吉。また、里見義頼を仲介したのは下野国佐野家一族の天徳寺宝衍《てんとくじほうえん》（佐野房綱《ふさつな》。？～一六〇一）であった。彼らは滝川一益の近くに仕えて、補佐の役目を担っていた。このことは支配機構が調いはじめたことを示している。それにともない四月には所領安堵《あんど》・宛行状も見られるようになる。関東での支配体制は軌道に乗りはじめていた。

また陸奥国にも影響が見られる。五月下旬に伊達輝宗《だててるむね》（一五四四～八五）と蘆名盛隆《あしなもりたか》（一五六一～八四）が滝川一益に接触を図っている。滝川一益の権限は陸奥にまでおよんでいたことは間違いない。

五月上旬、厩橋城で諸領主を集めて能興行がなされた。このとき、一益自身が「玉葛《たまかずら》」を舞い、嫡子於長《おちょう》が小鼓を打ち鳴らした。この興行には北条一族からも参列があった。

天正10年の関東勢力図

ここで注意しておきたい点は、能を舞う滝川一益に対する客席である。ここには北条家からの列席があったわけであるが、それ以外の関東の諸領主の参席もあったことは間違いない。彼らは座を同じくするのであるから、それなりの序列をもって座したことになる。出仕した諸領主に対する序列付けは滝川一益によって決定されただろうことは容易に想像がつく。すなわち、自らが決定した序列の頂点で自らが舞う。自らが描く関東の図式がこの能興行には込められていた。能興行は関東における政治的序列の確認の場であった。京都の文化を媒介として、関東の支配秩序を形成するという滝川一益の政治手法に注目する必要があろう。

この能興行は六月十一日にも予定されていた。場所は厩橋の長昌寺《ちょうしょうじ》。しかし、この興行は本能寺の変の悲報により実施されることはなかった。

滝川一益と北条氏政の関係

滝川一益のもとへ関東の領主が次々と出仕して意を通じる中で、困惑していた家があった。古河公方足利家である。ほとんどの領主に対して滝川氏より働きかけがあったにもかかわらず、古河公方足利家やその家臣である簗田晴助・持助父子には連絡がなかった。古河公方足利義氏自身が「北条氏政父子・氏照からも何とも言ってこない」と戸惑いを隠さない。周知のとおり滝川一益の主人織田信長は足利義昭を追放した人物である。一益としても対応に苦慮したのではなかろうか。関東統治の方針は万全ではなかったのだろう。

そしてさらに対応に苦慮したのは北条氏政・氏直だったろう。織田信長と友好的な関係を結んでいた北条氏政・氏直は滝川一益を無視することができない。滝川一益が入国して早々、北条氏政の弟で上野国にほど近い鉢形城を拠点としていた北条氏邦は出仕を果たした。しかし、北条氏政・氏直そのものがどのような対応をしたか明らかではない。出仕を果たした氏邦自身、五月下旬には川越城（埼玉県川越市）の大道寺政繁《だいどうじまさしげ》（一五三三〜九〇）に警固の兵の状況について尋ね、かつ自身は鉢形城での大普請を計画している。そもそも滝川一益の上野入国は「北条の夢」の挫折を意味していた。心中穏やかならざるものがあったはずである。

象徴的な出来事があった。祇園城を小山秀綱へ返還しようという計画である。天正年間初頭に落城して以来、祇園城は北条家の属城で、北条氏照が管理していた。この祇園城を北条氏照から取り上げるという。受け取り手は小山秀綱であるが、背後に佐竹義重・宇都宮国綱・結城晴朝・佐野宗綱の動きが感じられてならない。滝川一益による事実上の北条領の削減である。北条氏照から滝川一益への祇園城の明け渡しは天正十（一五八二）年五月十八日に実施された。小山秀綱には滝川一益から返還される予定であった。小山秀綱も喜びを隠していない。後に小山秀綱が祇園城に在城しているところを見ると、一度は返還されたのかもしれない。しかし現実には天正十八年にいたるまで北条氏照による祇園城使用は確認できる。そして小山秀綱も祇園城に帰城してはいるが、昔日ほどの実権は行使していない。

これらの動向は、滝川一益と北条氏政・氏直の関係が必ずしも円滑ではなかったことを示している。そもそも、信長は周知のはずであった「北条の夢」、すなわち関東の国主を目標とする北条氏直の希望と異なった選択をした。象徴的なことは北条家への輿入れが実現していない点である。両家の思惑は食い違っていたことは間違いない。そして滝川一益の上野国入国は、北条氏政の申し入れに対する織田家の返答になっていた。織田信長は「北条の夢」を容認しなかった。これが天正十年の織田信長と北条氏政・氏直の現実だった。あるいはのちの豊臣秀吉の存在も含め、中央政権と関東の北条氏政・氏直の目指す路線の分岐点はこの信長の回答にあったかもしれない。

本能寺の変の波紋――神流川の戦い

滝川一益の関東入りからわずか二ヵ月余を経たところで、事態は一変する。本能寺の変（天正十年六月二日）である。織田信長の死亡は各地の政治情勢に混乱をもたらした。

関東では北条氏直が滝川一益と金窪《かなくぼ》（埼玉県児玉郡上里町金久保）で激突した。合戦の主たる戦場は神流川《かんながわ》の河原であったことから、神流川の戦いと呼ばれている。滝川一益は北条勢に対して、倉賀野に陣した。六月十六日に北条氏直の軍勢が倉賀野を攻め、滝川勢が応戦した。最初の大きな合戦は十八日に金窪および本庄の原（埼玉県本庄市）であった。合戦は滝川一益が勝利し、北条氏邦の鉢形勢三〇〇余のほか、北条氏直の近辺の者までもが討ち取られた。

しかし合戦はこの日で決せず、十九日にも続き、この日は北条勢が滝川勢を切り崩し、滝川勢の陣城やその後陣にまでも攻め込んだ。滝川勢は堪えきれず惣社・箕輪まで撤退するが、この地も支えきれなかった。滝川一益は信濃国に落ち延び、領国伊勢国へ向けて敗走する。北条氏直はこの合戦で三〇〇〇余人を討ち捕らえた。神流川の合戦で滝川一益は北条勢に敗れ、織田家の関東における領国は失われることとなった。

第2章　合戦の序曲　天正十年後半〜十一年

1　北条氏直対徳川家康

北条氏直の信濃国進出

神流川の合戦で勝利して勢いを得た北条氏直はそのまま西上野を押さえ、碓氷峠《うすい》を越えて信濃国に入った。天正十（一五八二）年六月二十六日には佐久郡の領主を帰属させている。この進軍に接し、七月九日には真田昌幸が使者を派遣して北条氏政・氏直に随う旨を申し出た。北条氏直の進軍は止まらず十二日には海野《うんの》（長野県東御市）に達した。

七月十三日、北条家ではいくつかの動きがあった。この日までに真田・高坂《こうさか》・塩田《しおだ》などの「信州衆十三頭」とされる主だった領主が北条氏政・氏直に帰属し、北信は北条家の勢力圏となった。したがって視野は南の甲斐国および信濃国へ、それもより南部へと向くこととなった。この日、甲斐国へは目付を派遣して偵察を命じている。また甲斐国南巨摩《みなみこま》郡の穴山《あなやま》氏の所領についても安堵状を発給する。北条氏政・氏直が甲斐国を把握しようと考えていたことは確実である。また信濃国については諏訪の諏訪頼忠《すわよりただ》（一五三六〜一六〇五）ほかに安堵状を与えるほか、木曾谷《きそだに》の木曾義昌《よしまさ》（?〜一五九五）までもが帰属の意志を示していた。勢いは信濃国全域にも達しようとしていたのである。

一連の北条氏直の動きに対応して、越後国の大名上杉景勝《うえすぎかげかつ》（一五五五〜一六二三）も警戒を示し、七月中旬に川中島《かわなかじま》付近での合戦を想定して出陣した。景勝は上杉謙信の養子であり、謙信後継者の地位をめぐって同じ養子で北条家出身の上杉景虎（?〜一五七九）と争い、勝ち取った人物である。謙信の時代からの敵対的な関係を引き継いだ上に、謙信後継争いの事情も加わり、景勝と北条氏政・氏直は当初より関係が悪かった。

この上杉景勝の行動に対して北条氏直は境界に城を構えた。しかしその対応を見る限りでは、上杉景勝との合戦は積極的ではなかった。

若神子の合戦

この北条氏直の動きに対応した人物がもう一人いる。東海の大名徳川家康（一五四二〜一六一六）である。北条氏直が上杉景勝と戦うことに積極的でなかったのは、この家康に背後を突かれることを気にしたからにほかならない。家康は七月のうちに甲斐国古府中《こふちゅう》（山梨県甲府市）に入った。この家康の動きに釣り出されるかのように北条氏直は軍勢を南下させ、八月二日には甲斐国の「北谷表」で前哨《ぜんしょう》戦が行われる。続く六日には北条勢は新府《しんぷ》城（山梨県韮崎市）から一里ほど北に隔たった地点にまで迫っていた。家康は南下する北条氏直の軍勢を二万余と記している。

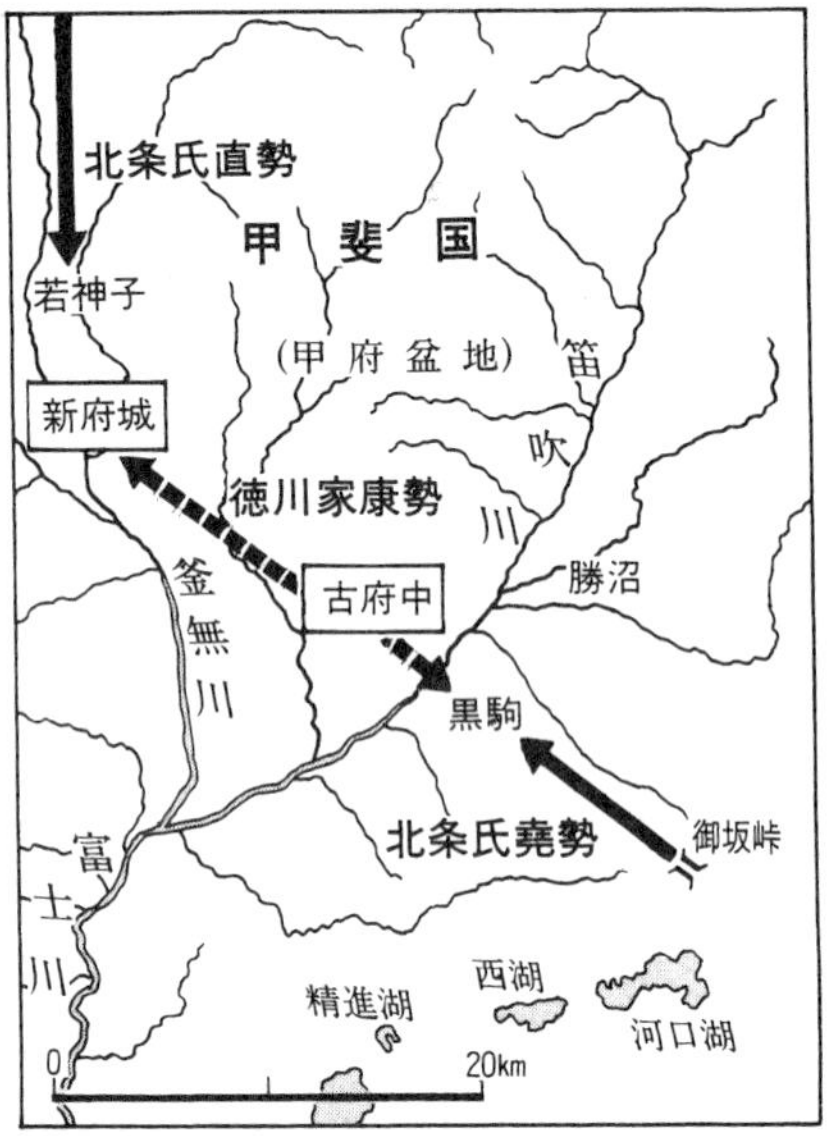

若神子の合戦

新府城は武田勝頼が最後に本拠として築いた城館で、小高い丘の上に主郭を置き、西側は釜無川《かまなし》の断崖《だんがい》となっている。要害堅固な地にかなりの土木工事を実施して築城されていた。この新府城を当時は家康が押さえるところとなっており、古府中から軍勢が派遣されている。しかし徳川勢は二〇〇〇人余とされ、北条勢に比べて劣勢は疑いなかった。この数字は北条側も把握していたようで、新府城には二〇〇〇ないし三〇〇〇人、徳川勢全体で一万人と認識していた。正確な情報把握には驚かされる。厳しい戦況のなか、十日に家康は前線の新府城に入城し、翌日には出城を築いた。戦況が不利であるにもかかわらず、前線に駒を進めるという行動はのちの関ヶ原の合戦にも共通する。

家康の進陣により、大軍勢による対陣の空間が八ヶ岳山麓の若神子《わかみこ》（山梨県北杜市）に出現した。合戦は八月から十月にかけての三ヵ月間続き、両軍は敵陣に向けて鉄砲を毎日、放っていた。数に勝る北条側は勝敗は数日で決すると宣伝している。

八月十二日、北条勢が対陣の背後を突くように甲斐国都留郡から甲府盆地に向けて軍勢を動かした。古府中に陣を張っていた一部の徳川勢が出陣して、黒駒《くろこま》（笛吹市）で合戦となり、北条勢三〇〇余人を討ち捕らえ、これを撃退することに成功した。討ち取った首級は、十四日に若神子にて北条陣に向けて晒《さら》された。精神的効果を狙《ねら》った行為である。

ところで、黒駒を通過する街道は御坂峠《みさか》（笛吹市）・山中湖（南都留郡山中湖村）を越えて御殿場（静岡県御殿場市）にいたる。この街道は若神子から小田原にいたる最短距離であり、御坂峠を確保することは北条氏政・氏直にとってはまさに存亡をかけることになる。敗北した北条勢は、是が非でも街道を確保する必要があり、御坂峠に城を築く。完成は合戦終盤の十月下旬であった。

黒駒での合戦に勝利した徳川方は息荒く、一両日中には敵軍を打ち破ると述べ、さらには「北条氏照を生け捕って、そちらへ送るので、京都に上らせるのがよい」と語っている。しかし八月二十九日、九月一日の両日に小規模な軍事行動があったが、大きな戦いにはいたらなかった。

対陣は武田勝頼が心血を注いだ新府城に拠った数に劣る徳川家康勢を、大軍の北条勢が攻めるという構図になっていた。数の上では優位でも、北条勢は新府城を攻めあぐね、次第に長期戦の様相を呈していく。

真田昌幸の寝返り

劣勢にあった家康は徐々に状況を挽回しはじめる。

八月二十二日、先に北条氏政・氏直に通じていた木曾義昌が徳川家康に通じた。木曾義昌は織田信長の三男信孝にも連絡し、三者で連絡を取り合っている。若神子の西方面は家康に利が傾いていた。そして北方面では重大な変化が生じる。真田昌幸の動向である。七月九日に北条氏政・氏直に帰属した真田昌幸は、信濃国小県郡から上野国吾妻《あがつま》郡にかけて勢力を張った領主である。北条家滅亡の契機となった名胡桃《なぐるみ》城奪取に際しても一方の当事者であった。このことが象徴的に示すように天正十年代の東国において、真田昌幸は政治史のキーマンの役割を担った。狡猾《こうかつ》な人物と評されることが多く、このときも直後に徳川家康に寝返り、北条勢の背後を脅かした。真田昌幸の離反は九月中旬であった。家康はこの真田離反を上杉景勝ほかに連絡している。二十八日、家康は真田昌幸に所領を宛行《あてが》うとともに、北条勢への手切れの証《あかし》として蘆田《あしだ》（依田《よだ》）信蕃《のぶしげ》（一五四八〜八三）・曾禰昌世《そねまさよ》（生没年未詳）と相談して、何らかの行動を取るように依頼した。これを受け、真田昌幸は十月十九日に禰津昌綱《ねづまさつな》を攻め、反北条の色を明確にする。さらに十月二十四日には真田・蘆田軍勢が小諸《こもろ》付近で軍事行動を展開している。

真田離反の情報は十月初旬に北条勢へ伝わった。若神子に大軍を出した北条氏直にしてみれば、真田離反は背後に多大な影響を与える。その驚きは大きかったようで、十月十一日、北条氏政は弟の氏邦に宛てて、「様子をはじめて聞いたので、これまた何分にも衆議をもって状況を糺明し、若神子の陣にとって吉事になるのならば、未来の損得をなげうって、お取り成しが大事である。そちらからの書面にもありましたが、譜代相伝の地であっても、当家の滅亡にはかえがたい」と書状を認《したた》めている。北条家の存亡を意識していることは見逃せない。

北条氏直の苦戦

氏政は書状の中で真田方の沼田城（群馬県沼田市）と岩櫃《いわびつ》城（同県吾妻郡吾妻町）に向けて、城館を築くように指示を出している。長津田《ながつだ》城（同県勢多郡赤城村）や大戸《おおど》城（同県吾妻郡吾妻町）がこの城館にあたると考えられる。両城は真田昌幸家の南下を阻む拠点として以後に重要な城館として機能する。

そして北条勢は背後の安全を確保するべく、上野・信濃国境付近などでさまざまな軍事行動を起こした。北条家は一門の北条綱成《つなしげ》（一五一五～八七）に五〇〇〇人の兵を率いさせ、家臣の垪和氏続《はがうじつぐ》（生没年未詳）とともに信濃国佐久に向かわせた。おそらく行き先は拠点としていた信濃国小諸であろう。二十四日に氏直が両名に出した書状には「近辺の味方中が力を落とさないような備えが大事である」と書き込んでいる。若神子に在陣する北条氏直の背後をいかに安全にするかが重要事項だったことを物語っている。

さらに二十二日、北条氏政は上野国内の領主である大戸氏に岩櫃城攻めを命じる。大戸は岩櫃から南へ直線距離でおよそ六キロに位置する。まさにのど元に刃を突き付けた格好になる。二十五日には上野・信濃国境の内山《うちやま》峠を守るため、信濃国内山城（長野県佐久市）に猪俣邦憲《いのまたくにのり》を送っている。これも万が一の退路の確保にほかならない。

二十八日、北条氏邦の軍勢が上野国沼田を攻め、森下《もりした》（群馬県利根郡昭和村）で合戦を行った。この地は沼田城の南方で、片品川《かたしな》を隔てた地にあたる。沼田へいたる片品川渡河点に近い場所であり、交通上の重要な場所である。この段階では真田方は撃退に成功している。しかし、北条氏邦の意図は森下の地の確保よりは、沼田城近辺を脅かし、真田昌幸の注意を少しでも若神子から遠い地に向け、軍勢を分散させることにあった。状況に照らしてこのことは歴然であろう。

また同じ頃、関東平野の東側でも対北条の動きが始まった。常陸国にいた太田道誉は東上野への工作を実施している。徳川家康からの依頼による行動であろう。「利根川東岸については由良国繁そのほかは北条勢に属しそうなので心配である。なんとかして毛利北条高広を味方としたい。可能となれば那波《なわ》顕宗《あきむね》も同意するであろう」と分析している。

佐竹義重は十月に出陣している。矛先はまず由良国繁の金山城と長尾氏の館林城に向けられ、古河《こが》（茨城県古河市）・栗橋《くりはし》（同県猿島郡五霞町）にまで軍勢を進めている。佐竹勢の軍事行動について、「由良・長尾、堅固に防戦している。安心してください」と北条氏政は楽観的に北条氏邦に報じている。

若神子に釘付けにされた北条氏直を取り巻く情勢は、次第に悪い方向へと向かっていった。その状況を作り出したキーマンは真田昌幸であった。上野・信濃国境付近での北条家の軍事的対応はまさにそれを示している。その上、関東平野東部では佐竹義重が活動をはじめた。北条氏政・氏直にとっては穏やかな心境ではなかったと思われる。戦場での徳川家康は劣勢ではあったが、次第に北条氏政・氏直を追いつめつつあった。

2　北条・徳川同盟

和議の成立

若神子の合戦はおよそ三ヵ月の対陣の末、十月下旬に和議を結ぶことになった。和議に際して結ばれた領土協定は次のような内容だった。

甲斐・信濃両国の城々は徳川家康の「手柄次第」とする。上野国内の城々については北条氏政・氏直の「手柄次第」とする。「手柄次第」とは自力で切り取ることを意味する。具体的には、真田昌幸が支配する沼田などの上野国内の権益を家康は北条氏政・氏直に認める。北条氏政・氏直は確保した甲斐国都留郡を割譲し、甲斐国・信濃国内については家康に権益を認める。このような内容であった。なお、信濃国小諸はその後もしばらくは北条家が確保していることから、情勢の複雑さを踏まえ、家康の自力がおよばない地として相互に認め合っていたと推測される。

しかし和議の協定にもかかわらず、沼田ほか上野国内真田領の割譲は真田昌幸の反対により順調な引き渡しとはならなかった。真田昌幸にしてみれば、若神子の対陣に際して、徳川家康に荷担して北条氏政・氏直を追いつめたのは自分自身であるという自負があったであろう。褒美こそあってしかるべきところ、自領を北条氏政・氏直に割譲するとした協定は、到底納得できるものではなかった。家康の真田昌幸への対応は配慮を欠いたものだった。それゆえに真田昌幸は家康に敵対する道を選び、真田領維持のため新たなる方策を求めることになる。

協定に際して、北条氏政・氏直と家康が今後に同盟関係を結ぶということが盛り込まれた。家康から北条氏政の誓詞が求められ、届けられている。そして、徳川家康の娘督姫と北条氏直の縁組みも取り決められている。

信長健在の頃、北条氏政は当主氏直と信長の娘との縁組みを画策していた。この縁組みは「北条の夢」の具体的な方策として考えられていた。信長没後の縁組みを徳川家康に求めたことは、北条氏政・氏直の今後の戦略を考える上で、重要な視点となる。すなわち西の徳川家康と同盟することにより、北条氏政・氏直は自らの目を東へと向けられる。独自の力で「北条の夢」を目指すと宣言したことを意味する。織田信長の傘下で目指した「北条の夢」とは、異なった道を選択したのだった。中央では信長没後の政治体制が明確にならないなか、東国の北条氏政・氏直はいち早く自己の方向性を明示した。この北条氏政・氏直と徳川家康の同盟は天正十年代の東国を考える上で基本的な関係となる。

和議の協定には人質の交換も含まれていた。おそらく戦場から安全に撤退するための人質であろう。家康から酒井家次《いえつぐ》（一五六四〜一六一八）、北条勢からは大道寺と山角《やまかく》両氏が派遣されている。また小田原までは大久保忠世《おおくぼただよ》（一五三二～九四）が北条氏規に預けられた。

戦陣を解いたのは十月二十八日。若神子を撤退した北条氏直勢は十一月十二日には武蔵国にはいり、十五日には小田原へ帰着する予定となった。和議の条件となった徳川家康の娘督姫と北条氏直の婚礼は翌天正十一（一五八三）年八月に行われた。

家康の北関東政策

ところで和議の交渉に際して、飛脚の通行許可も議題に出されていた。徳川家康よりは佐竹義重・結城晴朝・蘆田信蕃への飛脚、北条氏直よりは若神子から小田原への飛脚が相互に要求され、認証されている。北条氏直の飛脚は本城への和議の連絡、対する家康の飛脚は関東各地への戦後体制の連絡であったと予想される。佐竹義重・蘆田信蕃は明らかに北条勢に敵対して軍事行動を起こしており、家康からはこの軍事行動の停止を依頼する必要があった。加えて彼らに対して従前に約束したことについて再調整が必須となっていたに違いない。家康が北条氏政・氏直との同盟を選択したことは、従来の家康の対関東政策が大きな転換を遂げたことを意味する。それゆえに重要な伝達があったことをうかがわせる。

また交渉事項の一つに、水谷正村《みずのやまさむら》（一五二一～九六）・皆川広照本人の通行が含まれていた。水谷氏は結城晴朝の家臣であり、皆川広照は下野国の領主である。この二人が若神子の徳川陣にいたことになる。事実、後述する正村の弟で養子である水谷勝俊《かつとし》に宛てられた家康書状には、その末尾に「委細は正村が口上で報告します」と書き込まれている。家康の近くに水谷正村がいたことは間違いない。この二人が北条領を通過して、自領に帰還することを認めて欲しいと家康は打診しているのである。北関東からわざわざ若神子の徳川陣に参陣していることにはいささか驚く。

本能寺の変の直後にもかかわらず、佐竹義重・結城晴朝・蘆田信蕃への通信といい、皆川広照・水谷正村の通行といい、徳川家康は北条氏政・氏直に敵対する北関東の勢力の取りまとめに成功していた。もちろんこの中には真田昌幸も含まれる。

信長後の体制

終結となった十月二十八日、徳川家康は水谷勝俊に書状を出す。和議の内容を勝俊を通じて結城晴朝へ知らせるため、飛脚に託して送っている。

急ぎ啓《もう》します。そもそもこの度は各自申し合わせましたが、上方《かみがた》より申すことがあって、織田信《のぶ》雄《かつ》殿ご兄弟より、「当表の対陣は終了させて、諸事について徳川殿のご意見をうかがいたい」とたびたび申し入れてきた。今回はそのことに任せて、氏直と和与することにした。そちらも存知のように、我々は年来、信長に預かったご恩義は浅くない。そのため合戦は問題なく決着した。「信長御在世の時のようにおのおの惣無事《そうぶじ》がもっともである」と氏直に申し断ったので、結城晴朝にもそのように御諫言《かんげん》が第一です。委細は正村が口上で報告します。

織田信雄（一五五八〜一六三〇）が若神子の対陣を終了するようにと要請してきたという。信長没後の六月二十七日、織田家の新体制を相談する清洲会議が開かれた。結果は周知のように信長嫡孫三法師（のちの織田秀信）を推す羽柴秀吉が優位に立った。状況を打開すべく織田信長の次男信雄が家康の助力を依頼したというのが、書状の背景にある。劣勢の戦場や真田勢の離反など、若神子の実態には一切触れず、織田家の要請で和睦するという位置づけを主張していることは、双方の権威を失墜させないための方策として重要な点であろう。

注目したいことは徳川・北条双方とも「信長に預かったご恩義は浅くない」という共通意識に立ったことである。家康が「信長御在世の時のようにおのおの惣無事がもっともである」と北条氏政・氏直に申し入れ、織田信雄を盛り立てて、織田家の体制を維持することを意識したことである。羽柴秀吉の権力が万全となる以前である。秀吉と対峙し、織田家体制の存続が模索されていたことは間違いない。

さらに北条氏政・氏直とは敵対関係であった結城晴朝に対して、「御諫言」を依頼している。家康は、若神子の対陣以前の打倒北条という基本政策を転換させ、織田信雄を頂点に徳川・北条同盟関係を軸とした体制で関東を考えはじめていたことになる。

政治情勢が不安定ななか、自らの判断で自らの方向性を築きだしていく家康の行動力はさすが天下人の資質といえよう。

しかし、この家康の方針転換に佐竹義重などの北関東領主は当然のことながら反発した。結城晴朝との関係継続を意図したように、徳川家康からは太田道誉・梶原政景に対しても今後の関係維持の依頼が報じられている。おそらく、終結直後に送られた佐竹義重への書状も同様な趣旨であったろう。しかし北条氏政・氏直との同盟がある前提では、これら北関東の諸家との関係維持はきわめて困難であった。

北条家の選択

一連の動きの中で何よりも注目しておきたい点は、北条氏政・氏直がこの家康の路線に同調したことである。「信長御在世の時のようにおのおの惣無事がもっともである」という家康の言葉に北条氏政・氏直が具体的にどのように反応したかはわからない。しかし結果として、織田信雄―徳川家康に繋がる位置に自らを据え、秀吉と対抗する路線に座ったことは厳然たる事実である。

信長から秀吉へという政権交代の中で、北条氏政・氏直は前後で異なる政治的位置を選ぶ。したがって関東内における立場もおのずと異なる状況を生む。織田信長の縁者を期待した北条氏政・氏直から、秀吉に対抗する一勢力という構図である。そして、この枠組みの中で「北条の夢」を目指すのである。

3　北関東への侵攻

真田領の分断

若神子より帰陣の後、北条氏政・氏直の動きは早かった。小田原への帰城は十一月十五日頃であったが、閏十二月（この年、関東では閏十二月を使用する）中旬には西上野へと攻め込んでいる。徳川家康との協定で確認された上野国内の「手柄次第」の実施である。真田昌幸は徳川家康に帰属していることから、上野国内の真田領は北条氏政・氏直に引き渡されてしかるべきと思われる。事実、北条氏政・氏直より徳川家康に対して引き渡し要求はなされていた。天正十一（一五八三）年六月の段階でも「沼田・吾妻は急ぎお渡しする」との返答を受けている。家康から引き渡される約束があったことは北関東の領主ですら知るところとなっていた。

しかし真田・北条間で具体的な交渉が行われた形跡はない。皆川広照の知るところでは、真田昌幸側が何かと理由をつけ、まったく引き渡しを承引しなかったという。北条氏政・氏直は早い段階で交渉を打ち切ったか、もしくは元より真田昌幸よりの引き渡しはないと判断していたらしい。北条氏政・氏直の軍事行動は素早かった。

天正十年閏十二月二十四日、北条氏邦は中山《なかやま》（群馬県吾妻郡高山村）を手に入れる。この地は渋川（同県渋川市）から北上して、子持山《こもちやま》（一二九六メートル）と小野子山《おのこやま》（一二〇八メートル）に挟まれた中山峠を通過していたる盆地であり、真田昌幸の上野国の二大重要拠点である沼田城と岩櫃城の中間にあたる。中山攻めはまさに真田領の分断に眼目があったことになる。この作戦の実施は地元上野国白井《しろい》（同県北群馬郡子持村）の領主長尾憲景《ながおのりかげ》（一五一一〜八三）の献策によってであった。

中山城攻め以後、北条氏邦主導で上野経略を行う方針が明確になっていく。閏十二月二十六日、津《つ》久田城《くだ》（同県勢多郡赤城村）が北条氏照から氏邦に引き渡された。氏照は下野経略の中心人物となるため、沼田攻めの重要拠点であった同城は上野国方面の担当者である氏邦に引き継がれたのだろう。そして正月二十一日に氏邦は吾妻郡の領主尻高《しったか》氏に本領安堵を行う。中山周辺を着実に取り込んでいった。二月十三日には榛名山に「箕輪城中堅固・所願成就」の祈念を命じる。箕輪城を拠点として、上野国支配にあたろうとする氏邦の考えを知ることができる。氏邦を中心とする上野国支配体制は着実に進展していった。そして、本格的な上野国「手柄次第」へと邁進する。目標は毛利北条高広の厩《まや》橋《ばし》城と真田昌幸の沼田城であった。

毛利北条高広攻め

中山城攻めに際して、厩橋城主の毛利北条高広へ北条家から軍勢の催促が出されていた。今後の北条氏政・氏直への対応と上杉景勝の救援などを考慮して、高広はこの催促を拒否する。この意思表明を受けて北条家は厩橋攻めを開始する。

天正十一（一五八三）年正月、厩橋城向かいの利根川西岸に石倉城《いしくら》（群馬県前橋市）を再興し、この城を拠点として厩橋城を攻めた。十七日には北条氏政が厩橋城攻めを敢行する。このときは厩橋城の南北二箇所の地点、大渡《おおわたり》之《の》原《はら》（同市）と天川《あまがわ》（同市）で激戦があった。北条勢は二月八日にも利根川を渡河して厩橋南方の善養寺《ぜんようじ》（同市）に在陣する。この段階では毛利北条高広も楽観的で、「佐竹・結城・宇都宮諸氏が救援に来るであろうし、北条勢も退散するとの風聞であるから大丈夫である」と上杉家臣の上条宜順に連絡している。

毛利北条高広は上杉景勝に救援を求め、かつ北条勢に必死に抵抗していた。しかし二月二十八日には上杉家に「毛利北条高広は北条家に懇望し、接触をはじめた」との風聞が伝わっている。厩橋をめぐる情勢は厳しかった。

上野国沼田城へ

北条勢の沼田攻めは厩橋攻めが一段落した天正十一（一五八三）年三月頃より再開された。毛利北条高広は「武州・西上野の人数が、沼田を攻めている」と上条宜順に報告している。攻め手は北条氏邦の軍勢なのであろう。沼田が陥落すると厩橋が孤立するため、毛利北条高広は三月九日に上杉家へ援軍を要請している。関東までの出陣は無理でも「越後国上田庄《うえだ》（新潟県南魚沼市周辺）まで出馬し、先陣を上越国境に送ってもらいたい。貴殿の御諫言は何よりもこの一事に極まる」と。毛利北条高広の上杉景勝への要請は深刻である。

三月二十八日、毛利北条高広は事態を総括し、上杉景勝の重臣直江兼続《なおえかねつぐ》（一五六〇〜一六一九）に七ヵ条にわたる報告および懸案事項を送っている。主題は援軍の要請であった。上野国の状況については沼田の仕置きを含めて援軍を強く要請している。援軍があれば、佐竹義重・宇都宮国綱の援軍もあるとし、景勝自身の進発がなくとも軍勢だけでも派遣して欲しいと依頼する。「上田まで御着場あれば、お迎えに参ります」と書き添え、三月九日に上条宜順に書き送った内容をこの条書で再度主張している。援軍なくしては支えられなくなっていたのだろう。四月五日には太田道誉に宛てて佐竹義重が出馬するようにと依頼している。「御返事次第によって急速に越山されます」と添えて。

この頃、北条勢は沼田攻めの新しい城をさらに取り立てている。このときに取り立てられた城とは長井坂城《ながいざか》（群馬県利根郡）であろう。長井坂城がある地は津久田城から北へ四キロメートルの場所にあたり、沼田城へは七キロメートルの地点である。この比定が当たっているとすれば、沼田城攻めの拠点をまた一歩北へ進めたことになる。

四月十日、北条氏邦は「倉内《くらうち》（沼田）が本意に達することは近日であるだろう」と述べ、自信をうかがわせている。六月にいたっても沼田攻めは続き、北条氏直自身も出馬し、長陣を敷いていた。七月には「沼田が本意に属したのは、目出たく珍重に存じます」と祝辞を送られるほどになっていた。

孤立する厩橋

毛利北条高広が認《したた》めた三月二十八日の条書の中に、付帯事項として「大胡《おおご》・山上《やまかみ》・田留《たる》・赤堀《あかぼり》の備えについて」という事項がある。田留は樽《たる》（群馬県勢多郡赤城村）にあたり、沼田と厩橋は繋ぐ要衝であった。残る大胡（同県前橋市）・山上（同県桐生市）・赤堀（同県伊勢崎市）は上野国東部にあり、新田領にほど近い場所となる。「備え」となることから、これらの地点は厩橋を守るための重要拠点であったことになる。

条書に先立つ二月二十八日、北条氏邦の軍勢が大胡・山上・赤堀の中央にある女淵《おなぶち》（前橋市）に軍勢を入れている。明らかに厩橋城東方の拠点崩しである。三月五日には大胡攻めが命じられている。近隣の村落などに対しては中途半端な対応をしないように、徹底した対処を求めている。

このように北条勢は三月頃には上野国東部において軍事行動を展開していた。そのためと推測されるが、厩橋から東方面へは通行が遮断され、連絡不通の状況になっていた。それではなぜこの地が合戦の舞台となるのであろうか。

永禄三（一五六〇）年から天正二（一五七四）年にいたるまで、上杉謙信はしばしば関東の地に攻め入った。このとき、沼田・厩橋・佐野などが拠点とされ、上杉領国は北関東に急速に広がった。他方、西上野へは武田信玄が領国を拡大していた。武田領からの圧迫を受けて上杉家では厩橋・佐野間の赤城山南山麓の通路が脅かされ、佐野の維持が難しい情勢にあった。その状況下、沼田から赤城山の北および東側山麓の山中を通る通路が見出された。この街道は沼田から片品川を上り、根利《ねり》（群馬県沼田市）にいたる。利根からは南下して峠を越え、渡良瀬《わたらせ》川水系沿いに関東平野北部で上野国東部の大間々《おおまま》（同県山田郡大間々町）へと続く。平野にいたる直前には五覧田《ごらんだ》城（同県勢多郡東村）や深沢《ふかざわ》城（同県桐生市）があった。

根利からの出口にあたる大間々は赤堀や山上にほど近い場所である。すなわち、北条勢が大胡・山上・赤堀の中間にあたる女淵へ、割って入るほどの危険を冒して合戦を行ったのは、厩橋・沼田の連絡を完全に遮断することが目的であったことが浮かび上がる。厩橋の北側には津久田・長井坂などに城館が築かれ、すでに赤城山西山麓は押さえられていた。東側の街道を押さえれば、毛利北条高広は越後国どころか沼田の真田勢の助勢も得られず孤立する。そして厩橋を陥落させれば、北関東の諸領主に大きな心的影響を与えられる。このように目論んでいたのであろう。

天正十一年七月三日、北条勢は五覧田城を攻めて乗っ取りを果たす。かなりの激戦であったようで、この合戦についての北条氏直の感状が多数残されている。とりわけ、地元の領主であった阿久沢《あくざわ》彦二郎に対しては、功を賞して腹巻・甲《かぶと》・刀を贈っている。単発の合戦に関する限りでは破格の褒美である。北条氏政・氏直は五覧田城乗っ取りについてそれだけ重要なものと認めていたのだろう。乗っ取った五覧田城について、北条氏照は普請を阿久沢彦二郎に命じている。街道を押さえるために重要だったのであろう。

第3章　沼尻の合戦　天正十二年

1　北条の脅威

廐橋落城

北条氏政・氏直の廐橋《まやばし》攻撃は執拗《しつよう》だった。北条氏直自身が出馬して攻めている。さすがの毛利北条高広も攻勢に耐え切れず、北条氏照を頼って天正十一（一五八三）年九月十八日に城を明け渡した。受け取った北条氏直は九月二十一日より十一月にいたるまでの大普請を実施し、廐橋城を拠点として活用しはじめた。廐橋城陥落の情報は即座に関東中に広まった。

廐橋城が北条勢の拠点となったことは、反北条勢の危機感を著しく高めた。開城を知った佐野宗綱は九月二十四日に、結城晴朝に宛てて書状を出し、「この上は一直線に、この方面に向けての動きがあるだろうから、油断なくその構えをします」と報じている。結城晴朝は、「この上は佐野、当結城口へ攻略がある」と述べている。新田・館林・藤岡・榎本・小山ラインに接する外側の領主は、北条勢の攻勢を予感し、戦慄《せんりつ》の時を迎えていた。

一方、十月に佐野宗綱が北条氏政・氏直に対して「毎年三〇〇〇貫文の御礼銭を進上する」との申し入れをしたという情報が流れた。申し入れに対して北条氏政・氏直から「城を出るように」との逆提案が出され、交渉が決着していなかったと伝えられている。また下野国の皆川広照・壬生義雄《みぶよしお》（?〜一五九〇）、下総国の多賀谷重経《たがやしげつね》（一五五八〜一六一八）・水谷正村らの諸氏も北条氏政・氏直と交渉中という。この情報は東金城《とうがね》（千葉県東金市）の酒井政辰《さかいまさとき》（?〜一六〇三）より発せられているため、誤情報・攪乱情報の可能性も含むが、北関東情勢は北条氏政・氏直に優位に動いていたことを伝えている。それほど、厩橋開城の政治的意味は大きかった。

佐野宗綱の説得

この状況を打開する秘策が佐竹義重の側では練られていた。天正七（一五七九）年十一月の段階でも行われた形跡がある由良国繁および長尾顕長への画策である。

先にも触れたが、厩橋籠城《ろうじょう》中の毛利北条高広は天正十一年三月二十八日に上杉景勝の重臣直江兼続に宛てて七ヵ条の覚書を送った。沼田・厩橋の救援要請だった。このうちの第六ヵ条目に「一、新田・館山へ御計策について」との一文がある。状況に照らして、「館山」は「館林」の誤写で、新田は由良国繁、館林は長尾顕長を指す。すなわち由良国繁・長尾顕長への画策が政治課題にのぼっていたのである。両氏への懐柔工作は反北条側の重要な政策として、危機が到来するたびに浮上していたのだった。

厩橋開城そして普請となった十月、佐野家当主の宗綱は由良国繁および長尾顕長に対して必死の説得にあたっていた。

それ以来、彼《かの》両地へ手透きなく、説得におよんでいて、寸暇がなかったので、お手紙を差し上げませんでした。さてそこで檀那《だんな》は若輩ではございますが、彼両地へ昼夜の嫌いなく使者を立てて、重ねて申し調えをしております。しからばすなわち片時も早くご出馬し、宗綱の念願の旨趣を、二人の口頭で御両所へ申し宣《の》べたい。

佐野宗綱の叔父である天徳寺宝衍《ほうえん》が佐竹義重に送った書状である。書中に「彼両地」としているが、その「両地」とは由良国繁と長尾顕長兄弟であることに相違ない。年若い当主佐野宗綱が自らの家の存亡をかけて必死に説得している様子が佐竹義重に報告され、説得工作への参加が求められている。反北条勢は由良国繁・長尾顕長の翻意をもって劣勢を挽回しようと考えていたのである。

佐野宗綱の父佐野昌綱《まさつな》は北条氏康・氏政父子と上杉謙信が北関東でしのぎを削った時代に下野国佐野に生きた。佐野昌綱が本拠とする唐沢山城《からさわやま》（栃木県佐野市）は上杉謙信と北条氏政の猛攻を受けたことがある。上杉謙信には同城を攻め落とされ、北関東の重要拠点として奪われた。また北条氏政には落城寸前にまで攻め込まれた。佐野昌綱は南北の大勢力に挟まれ、何度も苦境をくぐり、佐野家を存続させたのだった。その子の宗綱は居城が攻められる様を間近に見てきたのだった。それゆえに迫り来る危機感には不安を禁じ得なかったに違いない。

2　合戦の勃発

前哨戦

天正十一（一五八三）年十一月二十七日、小泉城（群馬県邑楽郡大泉町）で合戦は始まった。

廿七日の注進状、今朔日《さくじつ》の辰刻（午前八時頃）に参着。披見しました。よって新田・館林・足利、占い合わせその地小泉へ攻め入ったところ、諸口において防戦して、勝利を得ました。敵の主だった者共を数多《あまた》討ち捕らえ、手負い死人を際限なく出させたとのこと、誠に心地のよい経過で、肝要です。いよいよ油断ないように仕置きを専肝《せんかん》にするように。北条氏邦がほど近いところにいるので、万端、相談するように。私からも氏邦に下知しておきます。玉薬《たまぐすり》・矢をそちらに送ります。恐々謹言。

この文書の宛所《あてどころ》は切り取られているが、十二月一日に小泉城主の冨岡六郎四郎宛に出された北条氏直の書状である。小泉城を取り巻く新田・館林・足利の軍勢が北条方の冨岡六郎四郎を攻めた。反北条勢の念願であった由良国繁・長尾顕長の翻意が実現した瞬間であった。これにより天正五年以来維持されてきた新田・館林・藤岡・榎本・小山ラインが破られたのである。平静を装う北条氏直の書状であるが、「北条氏邦がほど近いところにいるので、万端、相談するように」と述べ、「玉薬・矢をそちらに送ります」と記すところにわずかながらの動揺が読める。

五日後の十二月六日、北条氏直は家臣の大藤政信《だいとうまさのぶ》に鉄砲衆を付けて小田原からの加勢を送った。とりあえずの準備に五日を要したところを見ると、由良国繁・長尾顕長の翻意はまったく予期していなかったと考えられよう。

しかし攻め手の軍勢も強力ではなく、小泉城を落とせずにいた。十二月十三日の小田原への注進状でも「佐竹敗北」が報告されている。開戦後二週間を経ても決定的な戦果を得られない状況に、北条氏政は「その表の軍事行動、すぐんでしまうことは不審である。もどかしい」と北条氏邦に述べている。また現地に近い氏邦は一気呵成《かせい》に攻め込むことを進言したが、「敵より味方の軍勢のほうが少ないと判断している。返す返す小勢で城際の行動を無理に行うのはいかがかと思う。舟橋の完成を待つように。舟橋が完成すれば、人衆を重ねて派遣できるので、その上での軍事行動が良い」と氏政はたしなめている。冷静に事態を見ていたといえようか。

さて、ここで注意しておきたい点は、合戦当初の戦場は上野国の小泉城であり、北条氏政・氏直も小泉城の救援を主眼として行動していたことである。当面の作業は利根川を越える舟橋の架橋が問題であったのであり、のちに大藤政信が小泉城から南方で利根川付近にあたる「巨海《こかい》」（群馬県邑楽郡大泉町古海《こかい》）の守備についていることを踏まえると、舟橋はこの「巨海」に架けられたものと推測される。沼尻の合戦は小泉城攻防戦で開始された。

佐野宗綱の小泉城攻め

由良国繁・長尾顕長を翻意させるべく活動を続けていた佐野宗綱は、この合戦の勃発をどのように捉えていただろうか。

天正十二（一五八四）年二月十一日、宗綱は佐竹義重に書状を出し、「本望はこのことでございます」と交渉の成功を喜んでいる。北条氏政・氏直の直接の攻撃目標になりかねない状況を回避できたのみならず、反北条勢に有利に展開するであろうという情勢に、宗綱は満足であったろう。

書状はさらに状況を報告している。北条勢の反撃に備え、金山城と館林城が万全な態勢であること、そして、昨年末以来春にいたるまで、小泉城に対する攻撃が継続していることも加えている。ところが、先の北条氏政の分析にもあったように、決定的な打撃を与えることができなかった。そのために佐野宗綱のもとには由良国繁・長尾顕長よりの助勢依頼が来る。宗綱はこの依頼に応じて出陣することになり、佐竹義重に勝利の報告をすると約束している。

全体に、小泉城攻略が順調でないことに対する認識が十分ではないが、由良国繁・長尾顕長への交渉が成功したと喜ぶ様子が如実に感じられ、心境が察せられる。

佐竹義重に出陣を連絡した後の二月二十四日、約束通り佐野宗綱は小泉城を攻める。しかしその際にも小泉城の冨岡六郎四郎は手堅く防戦し、大貫《おおぬき》伊勢守ほか名立たる家臣を討ち捕らえるなど相当の戦果をあげた。続いて四日後の二十八日には由良国繁・長尾顕長が攻めたが、これも冨岡六郎四郎は退けた。小泉城の守りは実に堅かった。

北条氏直の出陣

由良国繁・長尾顕長に佐野宗綱も加わり、小泉城への攻撃は断続的に行われた。天正十一（一五八三）年十一月二十七日から十二月十三日頃までにかけては由良・長尾が、翌年二月二十四日には佐野、二十八日には再度、由良・長尾が攻めた。おそらく一月から二月中旬の間にも攻撃があったであろう。由良国繁と長尾顕長にとって小泉城は、金山・館林の中間に位置しており、実に目障りな存在であったろう。また翻意の証明としても小泉城を落城させることは必須であったと思われる。度重なる小泉城攻めは両氏にとっては意義の深いものだった。しかし攻城戦は長きにわたってしまい、結果的に北条勢に準備の時間を与えることになってしまった。

北条勢の出馬が決定したのは二月上旬であった。小田原からの陣触《じんぶれ》では二月中の出陣とされていた。このときの出陣は天正十二年になってはじめてであったため、小旗をすべて新しくするようにとも指示されている。戦の中での身だしなみとでも言い得ようか。

やや遅れて三月四日、北条氏直は冨岡六郎四郎に対して、近日に出馬すると報じている。武蔵国松山城（埼玉県比企郡吉見町）の上田憲定《うえだのりさだ》は三月二十五日の段階で「三日後に出陣」と述べている。出陣は具体的な段階となった。

三月十八日、北条氏直は個別の命令ではあるが、出陣の命令を発し、二十六日には着陣せよと命じている。集合地点は久々宇《くぐう》・本庄（ともに埼玉県本庄市）。対岸は上野国伊勢崎にあたる。いずれも利根川の中流域にあたり、この付近には渡河点も多い。おそらく、この軍勢は金山城の背後を押さえる役割で伊勢崎付近に派遣されたものであろう。深沢城（群馬県桐生市）には阿久沢能登守が詰めており、茂呂《もろ》・堀口《ほりぐち》（伊勢崎市）にも城館が構えられて軍勢が派遣されていた。

四月七日には下総国の原胤長《はらたねなが》に対して出陣命令が下る。四月十七、十八日に原胤長の馬廻衆と奥下総の軍勢が一同に利根川端に着陣するようにという命令であった。

確認されたこの二点の出陣命令について、着陣するようにと指示した日が二十日程度ずれているのが興味深い。大軍が利根川を渡るのは容易でない。大軍を渡らせるために舟橋を架けていたことは先に確認した。利根川中流域といえども三月末は融雪による増水もあり、渡河は容易でない。計画通りに渡河するためには、大量の渡船を準備すること、もしくは舟橋の架橋のほかに手段はない。したがって、渡河にあたって、順序よく通過できるようにするため、北条家において日程を調整し、その後に着陣指定を行っていたと考えられる。

また逆になぜこの時期に由良国繁・長尾顕長が翻意したかについても説明できる。融雪による増水のため、北条勢は利根川を容易には渡河できない。この時期が過ぎるまでは北条勢も小泉城に援軍を派遣できない。その間に陥落させ、上野国東部の態勢を固め、新田・館林・藤岡・榎本・小山ラインの西側を崩壊させ、ラインの東側を孤立させることができる。このように考えていたのであろう。

しかし北条勢は利根川に舟橋を架け、一気の攻勢を仕掛けてきた。早期の新田・館林・藤岡・榎本・小山ラインの回復を目指したのである。

足利城攻め

利根川を渡河した北条勢はまず冨岡六郎四郎の小泉城の救援に向かい、そこから長尾顕長の重要拠点足利城へと向かう。

三月二十八日、三山又六なる人物が「足利表」で軍功をあげた。さらに四月二十一日には佐枝与兵衛が「足利宿城《しゆくじよう》」において軍功をあげている。軍功の地点がより広い地名である「足利表」から足利城下を示す「足利宿城」へと変化していることは、足利城が徐々に追いつめられていることを表している。北条勢はおよそ一ヵ月にわたって足利を攻めた。足利での合戦を継続させつつ、北条勢は四月中旬に佐野に向けて陣を移す。矛先が佐野宗綱にも向けられた。小泉城を攻める敵方の拠点を潰《つぶ》すというのが利根川を渡河した当初の考え方だったと推測される。

四月十六日付の古河公方家臣、芳春院松嶺《ほうしゆんいんしようれい》の書状には、北条勢の中には北条氏照がいると記されている。北条家の下野国方面への軍事行動については、北条氏照がつねに中心的な役割を担っていた。

氏照が下野国内の足利・佐野へと転戦している頃、北条氏政・氏直父子は自ら上野国に出陣して来た。おそらく利根川を渡河して小泉城に赴いたのであろう。北条氏政・氏直父子自らが揃って出馬したことは、由良国繁・長尾顕長の翻意がもたらした政治的影響の大きさを如実に語っている。

3　沼尻の合戦の様相

佐竹義重・宇都宮国綱の出陣

これに対して、由良国繁・長尾顕長兄弟および佐野宗綱の後ろ盾となる佐竹義重と宇都宮国綱の動きも迅速であった。佐竹義重が常陸国太田から宇都宮を目指して出馬したのは、天正十二（一五八四）年三月下旬と推測される。四月十二日以前に義重は宇都宮に着陣しており、数日中には同所からの出陣という状況にあった。

栃木県さくら市の今宮《いまみや》神社に伝わった『今宮祭祀録《さいしろく》』という記録には、「同四月十七日国綱御発向、同じく佐竹義重御同陣」と記載され、宇都宮国綱と佐竹義重が実際に宇都宮を出陣したのは四月十七日であったことを伝えている。

北条氏政・氏直にとって今回の合戦の主題は、小泉城救援と由良国繁・長尾顕長問題であった。そのため、問題となる地は主として上野国内であったのであり、下野国の足利・佐野が戦場となったことは付随的な問題であったはずである。あくまで主題は上野国内の問題であった。

これに対して、佐竹義重や宇都宮国綱などはやや異なった認識をしていた。宇都宮在陣中の佐竹家臣や一族の佐竹義久から多功《たこう》孫二郎（下野国多功〈栃木県河内郡上三川町〉の領主）に宛てた二通の書状では、「一両日中に、野陣へ打ち出られるので、御用意が専一である」と述べている。戦準備を促しているのだが、注意は「野陣」の語である。「野」は下野であり、戦場は下野国内であると認識していた。

また会津の蘆名盛隆は佐竹義重から「小山に向けて打ち出るので」と連絡を受けていた。この語に示されるごとく、出陣五日後の四月二十二日、佐竹勢の一手が小山を攻めている。かなり激しい合戦が行われたらしく、佐竹義重の当初の目標は小山であったことを如実に語っている。

すなわち沼尻の合戦の緒戦においては、両者の問題とする地域感覚に大きな相違があることがわかる。北条氏政・氏直は小泉城を救援する目的で上野国を、佐竹義重・宇都宮国綱は小山を中心とした下野国南部を意識していたのである。

結局、小山攻めは継続しなかったが、佐竹・宇都宮勢が小山を攻めた意味は大きい。なぜならば、合戦前哨戦で佐野宗綱と由良国繁・長尾顕長が新田・館林・藤岡・榎本・小山ラインの西側を切り崩していた。そして佐竹義重・宇都宮国綱は残る東側の小山を攻めたのである。つまり東西を分担して作戦が当初から組まれていたことを推測させる。そして、佐竹義重は北条氏政・氏直の出馬を踏まえて、一気に新田・館林・藤岡・榎本・小山ラインを反北条側に組み込もうと狙っていたと考えられる。

四月二十四日、佐竹義重は鹿島社（茨城県鹿島郡鹿島町）から先勝祈願の祈禱をしたとの連絡を受けた。日付から推定すると依頼したのは常陸太田を出馬する頃であろう。大きな合戦になると覚悟しての依頼であったのだろう。礼状の中で「陣中は日を追って思うとおりになっている。満足とはこのことである」と祈禱の霊験に感謝するかのように記している。

両者の沼尻着陣

北条勢は上野国東部を、佐竹・宇都宮方は下野国小山をそれぞれが目的地として行動した。その両者が目的とした地から相手を意識した。双方が目的地とした地域の接点で激突することになる。三毳《みかも》山《やま》の南山麓、沼尻がその地である。

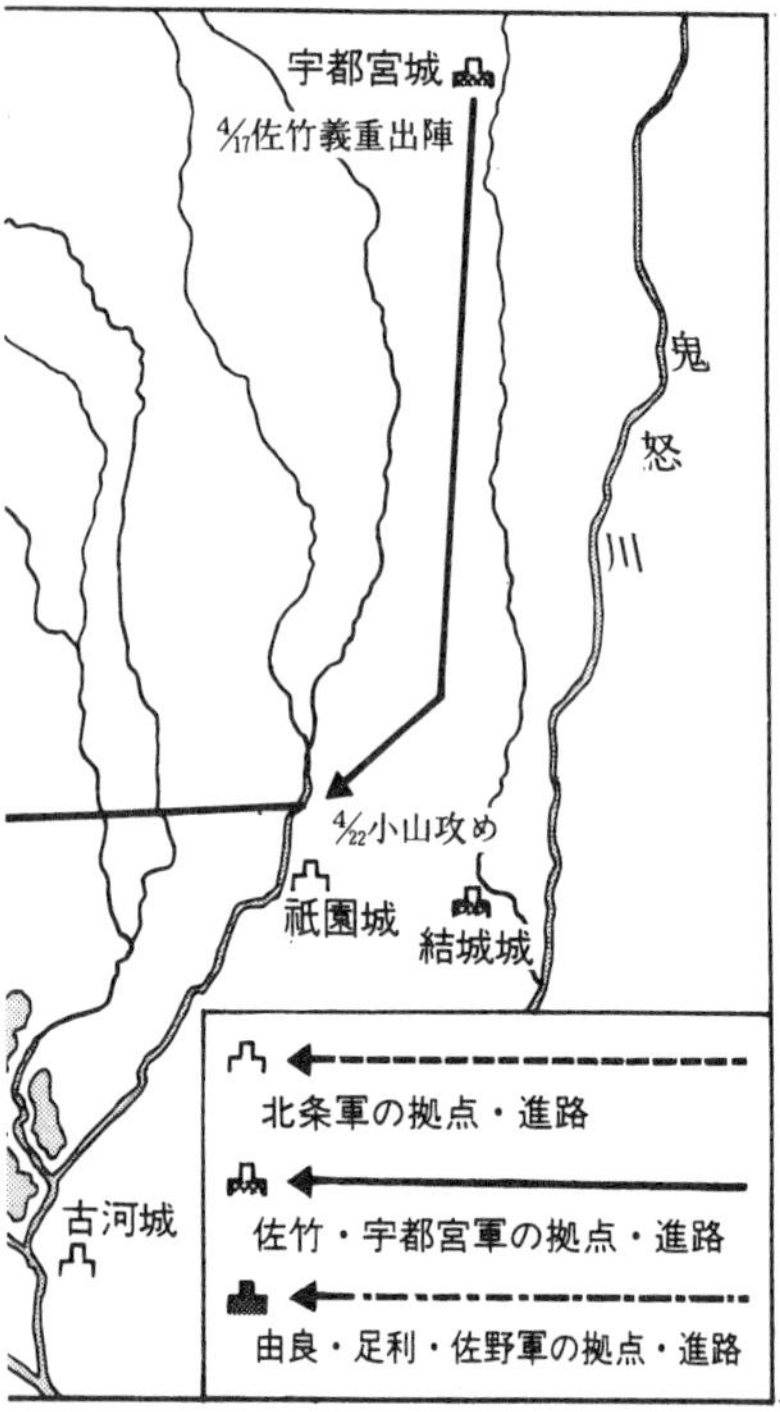

『今宮祭祀録』には「佐野の内、沼尻という地で、御戦陣にて偏《ひとえ》に思《おぼ》し召しあって、一一〇日にて御帰陣となった。末代のために書き置きます」と記載され、一一〇日にわたる対陣が沼尻であったことを伝えている。戦場となった沼尻は佐野・藤岡間の交通の要地で、佐野から東進すると南東の藤岡方面と北東

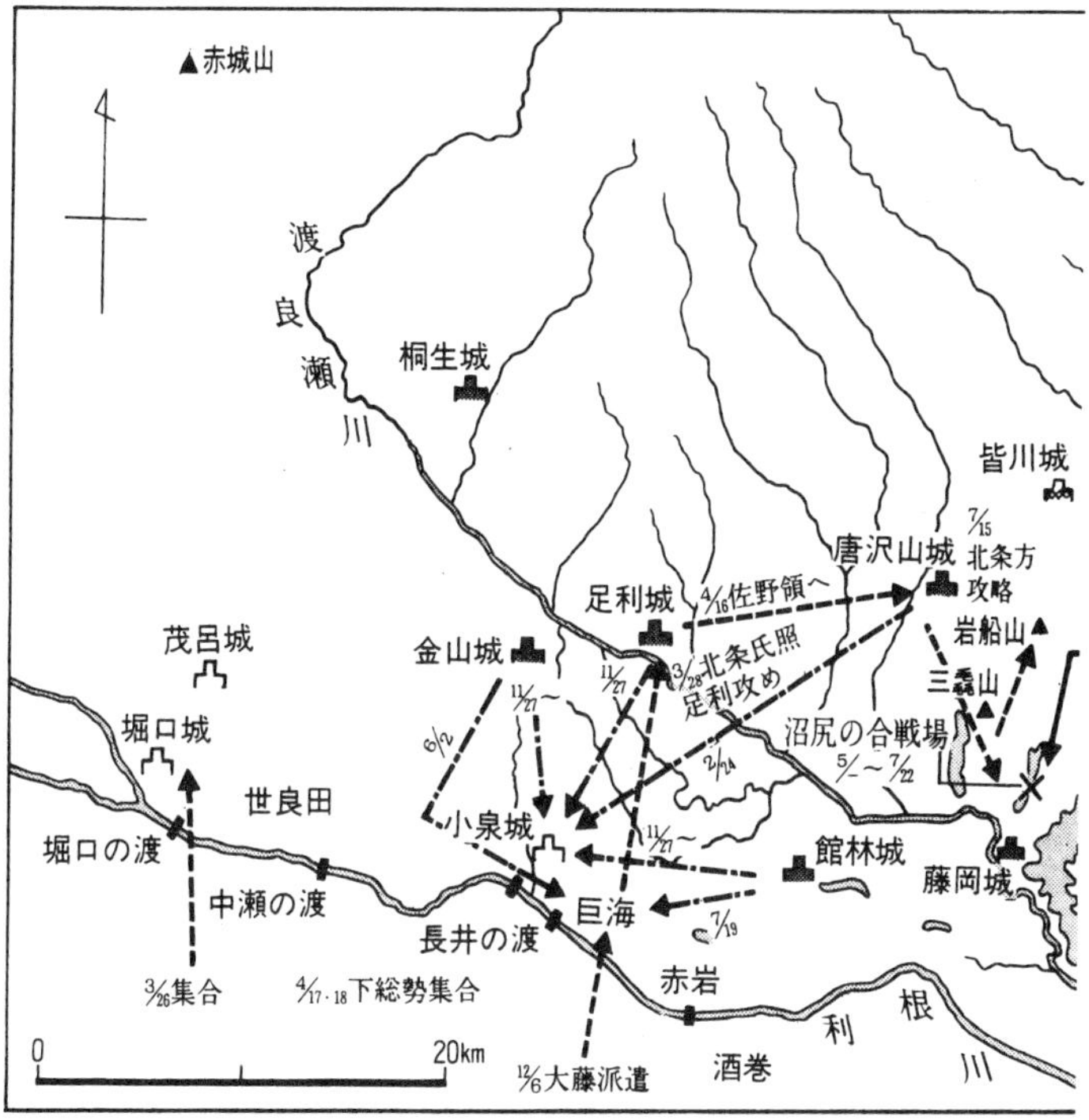

沼尻の合戦関係図（天正11年11月27日～天正12年７月22日）

の岩舟《いわふね》（下都賀郡岩舟町）方面への分岐となる地であった。

両軍の沼尻着陣は遅くとも五月初旬頃で、五月七日には宇都宮国綱が沼尻での戦功を賞して家臣に官途を与えている。九日には佐竹義重が北条勢に仕掛けているが北条側は引き籠もって出てこなかった。またこの頃には北条氏政自身も到着していたようで、五月十二日には小泉城の冨岡氏に対して、状況を報じている。書中において、「しかしながら敵は陣城を構えているので、火急の一戦を計画しても乗じてこない。そのため氏直にはさまざまな助言をなしており、事態は五日以来延引している」と記している。双方ともに敵方の誘いには乗じて来なかった。

五月五日の段階ではすでに両軍とも着陣しており、佐竹義重側は陣城を構えていた。北条氏政・氏直はその状況を見て、短期では決着がつかないことを予想した。この状況は五月二十一日になっても変わらず、北条氏直は同じく冨岡氏に対して、「在陣しているのであるが、敵は陣城に引き籠もってしまっているので、是非を決することができない。いかようにも引き出して、決戦におよびたい」と書き送っている。若い当主氏直にあっては、ややいらついている様子で、なんとしてでも雌雄を決したいという気持ちが滲《にじ》み出ている。

沼尻の戦況については、佐竹方の武将太田道誉が五月二十七日に記した報告が興味深い。

一　野州藤岡と号する地において、御対陣におよんだが、沼へ向けて双方共に陣城を構えて同じように布陣している。敵陣よりは欠落の人が多数いる。「返り陣である」と言っている。しかし、北条勢の謀であるので本当のところはわからない。

一　敵・味方共に大軍である。北条勢について「無衆」と判断する見方もある。相模・武蔵・上野・上総・下総・安房の衆、いずれも領主本人が出陣と聞いている。もっとも推量にすぎない。

無二の御戦を急ぐ必要がある。

書状の部分であるが、五月下旬には両軍ともに沼に面して陣城を構え、対陣していたと伝え、沼尻の戦場について重要な情報を記している。

とりわけ注目したいのは、この沼尻の対陣に動員された軍勢は「敵・味方共に大軍である」としている点である。特に北条勢の軍勢は相模・武蔵・上野・上総・下総・安房の領国全土から動員されたものであり、どの軍勢もその国内の領主本人が出陣していると述べている。情報源は明らかではないが、種々の状況を踏まえるとかなり確度の高い情報に基づいて書かれている。

新田・館林・藤岡・榎本・小山ラインをどちらが確保するか、この一戦にすべてを託するように、北条氏政・氏直、佐竹義重・宇都宮国綱の双方ともが大軍勢を動員していた。

戦場の景観

太田道誉の書状によって、沼の両側に両者が陣城を構えている様相が確認できるのであるが、果たしてこの地はどこであったのだろうか。

現在、沼尻の地名は栃木県藤岡町都賀《つが》の南部に小字《こあざ》で残る。その地点の東側には渡良瀬川の支谷が三毳山《みかもやま》に向けて南から北に向けて一直線に延びている。この支谷と渡良瀬川とが合流する付近には「蓮沼《はすぬま》」と二箇所の「沼」という小字がある。おそらくこの南北の支谷はかつては沼地であったのだろう。地名からすれば「蓮沼」と呼ばれていたことになろうか。また江戸時代に秋田藩で作成した合戦に関連する絵図の「野州大田和《おおだわ》御陣場絵図」ではこの付近の沼について「大谷田沼《おおやだ》」と注記している。

さらにこの支谷の東側には合戦に関わる小字が残る。北から「陣場《じんば》」（藤岡町大田和）・「上陣場」・「中陣場」・「下陣場」（以上、同町都賀）・「陣場」（同町甲《こう》）である。これらの地名は支谷の東側台地上におよそ一七〇〇メートルの範囲で一直線に並ぶ。すべてが南北につらなり、全体として陣場が形成された名残と推測される。また「下陣場」と「陣場」（大字甲）の間、および「陣場」（大字甲）の南西には、それぞれ「木戸内《きどのうち》」の小字も残る。陣城に付けられた「木戸」に由来する小字であろう。

先の太田道誉の「沼へ向けて双方共に陣城を構え」という文言と、この一連の地名を踏まえたとき、沼尻の対陣は渡良瀬川の支谷を挟んで東西に陣城が築かれたことになる。小山側から佐竹義重・宇都宮国綱が、上野国側から北条氏政・氏直が進軍してきたという状況を鑑《かんが》みると、地名は佐竹・宇都宮勢の陣城の名残ということになろう。

これに対して北条氏政・氏直の軍勢はどこに布陣したか。支谷の西側に布陣したことは間違いない。合戦の名称となった沼尻は交通上の要衝でもあったため、北条勢の一陣はこの小字付近に置かれたことは間違いなかろう。また北に聳《そび》える三毳山も重要な場所である。佐野から東方面に進むとき、この三毳山とその西山麓にある越名沼《こえな》（干拓事業により、一九六五年に消滅）が障害となっている。沼の南端を渡る道がある。この地点を越えればすぐに沼尻となる。越名沼の北を渡河した場合、三毳山が屏風《びょうぶ》のごとく聳える。山の南山麓もしくは北山麓を通過して東へ進むことになるが、南山麓を越えればすぐ古戦場にいたる。上野国方面に撤退する北条勢はこの山を攻め取られると撤退路を失うことになる。したがって北条勢の一陣は間違いなくこの三毳山に陣を敷いたはずである。おそらく北条勢は小字沼尻から三毳山にいたるまで、南北およそ三キロの範囲に布陣したと推測される。

沼尻の戦場に派遣された両軍の総勢は軍記物に記載が見られる。『古先御戦聞書』には佐竹勢三〇〇〇余騎、北条勢三五〇〇余騎。『関八州古戦録』には佐竹勢七〇〇〇人。『奥羽永慶軍記《おううえいけいぐんき》』には北条勢一二万余人とある。『古先御戦聞書』の数字が実態に近いように思えるが、いずれも江戸時代に成立した書のため信を置きがたく、正確なところはわからない。しかし、両軍とも大軍であったことは陣所の配置から間違いない。三毳山南麓は実に大勢の兵で溢《あふ》れかえっていたのだった。

現在、この地を歩くと穏やかな農村の景観を味わうことができる。谷には美田が広がっている。谷に望む台地も一部は開発されているものの雑木林などが残される。景観は非常によく残されている。戦場を伝える空間が、将来的により明らかになる日が来ることを望みたい。

長期化する対陣

双方ともに陣城を構えて対陣するが、ともに戦場での決め手を欠き、事態は膠着状態となっていった。対陣して一ヵ月以上が経った六月十八日、在陣中の太田道誉は安房国の里見家家臣の岡本氏元《おかもとうじもと》に状況を報じている。

そもそも氏政父子が上野表へ出張したので、新田・館林・佐野を助力するため、野州藤岡と号する地まで出馬したが、北条勢も馬を打ってこの地に至り、対陣におよんだ。ようやく五〇日にお

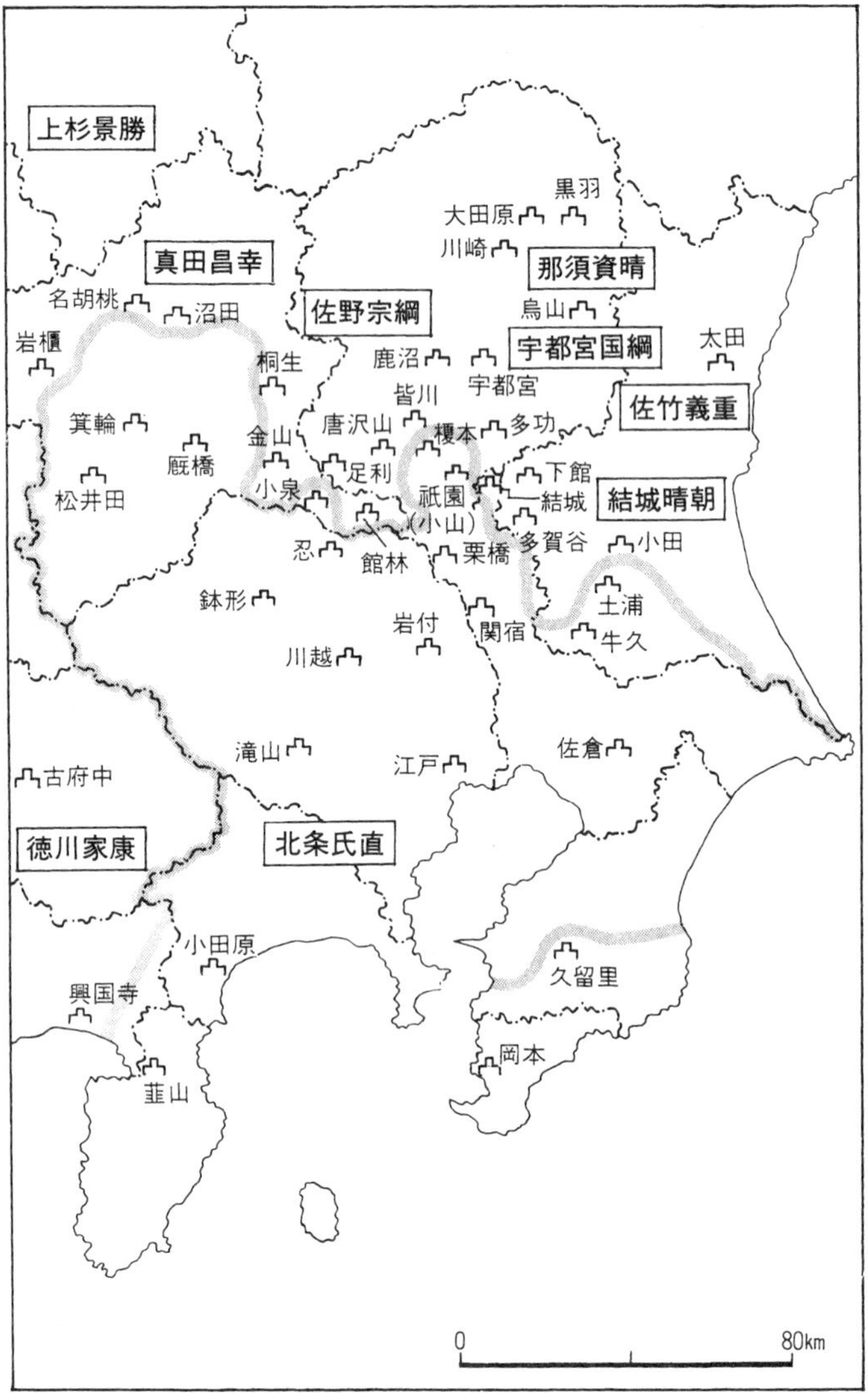

天正12年、沼尻の合戦時の関東勢力図

よんだ。有利に勝負を決しようとしたが、切所《せっしょ》であるために今にいたるまで勝敗を決することができない。当月五日には、切所際において合戦があった。北条勢を多数打ち留めた。互いに陣所を構えたので、いよいよ長陣になるでしょう。

対陣が五〇日におよんだ時点で、小競り合いがあるものの要害の地に陣城を構えての対陣のため、長陣となると述べている。陣城は堅固に築かれたらしく、攻め落とすことができなかったのだろう。そのため、両軍ともに沼尻での決め手を失っていた。戦闘により一気に事態が動く状況ではなくなってしまっていた。

長期化した戦場は厭戦《えんせん》気分が漂いはじめていたらしい。『北条記』は長陣に疲れた兵士が陣屋の前の馬場で馬を乗り回して気を紛らしたり、夏には敵味方ともに花火を上げて遊んだと記している。

第4章　小牧・長久手の戦いとの連動

1　秀吉陣営と家康陣営

小牧・長久手の戦い

北条氏政・氏直と佐竹義重・宇都宮国綱が沼尻で対陣している頃、上方《かみがた》でも大きな合戦が起きていた。小牧・長久手の戦いである。

本能寺の変の後、羽柴秀吉は織田信長の継承者として、天下人としての道を歩みはじめた。天正十一（一五八三）年の賤ヶ岳《しずがたけ》の合戦においては柴田勝家《しばたかついえ》を破って体制を固め、当面の敵を織田家継承を期待する織田信雄としていた。劣勢であった織田信雄は徳川家康と同盟し、秀吉と対抗したのである。

羽柴秀吉と織田信雄・徳川家康の戦端は天正十二年三月六日に開かれた。三月十三日、秀吉方は犬山城（愛知県犬山市）を奪取し、緒戦を有利に展開させ、対する織田・徳川軍は同日に清洲城（同県清須市）で会談し、十七日には本陣を小牧山城に進めている。両陣はこの二城に陣を据え対陣するが、膠着状態となる。

事態を打破すべく、羽柴秀吉方の池田恒興《いけだつねおき》・元助《もとすけ》父子が、家康の本拠地三河国を攻め、背後から攪乱することを進言した。この作戦を実施すべく、秀吉は甥の羽柴秀次を総大将として総勢一万六〇〇〇人もの軍勢を送った。四月六日である。しかしこの作戦を察知した徳川家康は八日夜、密かに小牧山城から出陣し、九日早朝に長久手（同県愛知郡長久手町）で羽柴秀次軍を急襲した。羽柴秀次軍は池田恒興父子が戦死し、秀次は犬山に敗走するという大敗北を喫する。

以後、局地戦は行われたが、大きな合戦はなく、十一月に秀吉と織田信雄が和議を成立させる。その結果、家康は清洲城から撤退し、合戦は終結した。

小牧・長久手の戦いの主たる戦場は愛知県内であった。しかし連動する合戦が各地で起きている。織田信雄は秀吉の背後を襲わせるため、四国の長宗我部元親《ちようそかべもとちか》に協力を要請している。また徳川家康と連名で紀州雑賀一揆《さいかいつき》と根来衆《ねごろしゆう》に大坂城を攻めるように依頼した。そのほか、越中の佐々成政《さつさなりまさ》も家康と気脈を通じ、能登侵攻を画策した。これに対し秀吉は丹羽長秀《にわながひで》・前田利家《まえだとしいえ》・上杉景勝と連携を取り、織田信雄・徳川家康の行った外交戦略に対処した。

一連の外交戦略に北条氏政・氏直や佐竹義重も関連していた。北条氏政・氏直は若神子の対陣後から家康と同盟を結んでいた。他方、秀吉は佐竹義重ほか佐竹家の面々と連絡を取り合っている。したがって、小牧・長久手の戦いが、役者と舞台を変えて沼尻で行われていたという関係になる。二つの合戦は列島の視野で見ると、連動した合戦だったのである。

佐竹義重と羽柴秀吉

佐竹義重と羽柴秀吉との外交関係は天正十一（一五八三）年よりあったようで、徳川・北条同盟の成立に対抗して関係が結ばれていたと考えられる。翌天正十二年、沼尻の合戦の直前では、三月二十日に佐竹義重が秀吉に書状を送り、「当国の様子については、多賀谷重経《たがやしげつね》（一五五八〜一六一八）が申し越します」と連絡している。引き続き二十八日にも献上品とともに書状を送る。これらの書状はちょうど、佐竹義重が常陸太田から宇都宮へ出発する時期にあたる。出陣に際して、ある程度の規模の戦いになることを予想し、秀吉に通告したということになる。

秀吉は佐竹義重に返書して上方の戦況を細かく連絡している。注目されるのは秀吉書状に添えられた滝川一益の書状である。「家康がこのたび、討ち果たされることは、もはや眼前である。しからば早速に相州へ馬を寄せられるという手順が定まっている」と報じている。秀吉は家康を滅ぼして北条氏政・氏直を攻めると考えている。滝川一益の見解にも二つの合戦が連動していることを確認することができる。

天下統一を目指す秀吉は沼尻の対陣に関して一定の動きを示している。小牧・長久手の戦いの最中、北陸方面は佐々成政の動向のため不安定な情勢だった。隣国の上杉景勝は羽柴方として行動し、佐々成政に対置している。その上、上杉景勝は会津の戦国大名蘆名盛隆とも連携を図り、背後から佐竹義重を援助している。実際に軍勢を動かした形跡もあり、この行動について羽柴秀吉は「貴慮の御手柄故に、彼の凶徒が即時にこのようになった。このことの御勇武については申すに足りません」と賛辞を送っている。秀吉は背後から上杉景勝を通じて、佐竹義重を助力していた。積極的に沼尻の合戦に関わっていたことはやはり天下人ならではということができようか。

北条家と徳川家康の連携

尾張国に出陣する徳川家康は自国の背後を固める必要が生じた。基本的には同盟関係の北条氏政・氏直が東側に領国を持つため、さほど問題はなかった。三月七日の段階で「すなわち徳川家康は関東表をことごとく固められ」て出陣するという報告があったことを確認でき、出陣に際して一定の調整が図られたことがわかる。

北条氏政・氏直からも出陣についての連絡は行われた。合戦の開始は先に見た三月二十八日であったが、それに先だつ三月二十三日に使者を家康に派遣するため、小田原から三河国安城（愛知県安城市）までの区間に伝馬三疋を許可している。出陣の情報が北条氏政・氏直より家康にもたらされたと見て間違いない。双方ともに出陣の連絡を取っていたのである。

ところで、北条家では徳川家康と同盟が結ばれている間、交渉の窓口は韮山城主北条氏規があたっていた。この役目のために北条氏規は沼尻へ出陣せず、韮山にとどまっていた。氏規は幼少の頃、家康と同じように人質として今川義元に差し出され、ともに駿府にいた。当時の交流もあり、パイプ役としては適任の人物だったのである。またこのような関係もあり、のちの対豊臣交渉においても氏規は融和路線を推進した人物であった。

その氏規のもとには徳川家康から小牧・長久手の戦いに際して、北条氏政もしくは氏直のどちらかが尾張まで加勢に来て欲しい旨の要請が届いていた。徳川方の朝比奈泰勝《あさひなやすかつ》（生没年未詳）に宛てて出された氏規の書状には、「上方が御本意になれば、関東までの評判となるので、きっと御加勢は間違いなくするでしょう」と回答されている。当時の北条家の状況から考えると軍勢を割き分けて、すぐに尾張に送ることはきわめて困難であった。氏政・氏直が加勢をすると応えたのは外交辞令以外の何ものでもない。しかし、北条氏規が上方の問題はそのまま関東にまで連動していると認識している点は注目に値する。時期は遅れるが北条家では徳川家康に向けて加勢の準備を実際に行っている。北条氏政・氏直が小牧・長久手の戦いをどのように理解していたかを知ることができる。

また、徳川家康は長久手の合戦での勝利を翌日の十日に北条氏政・氏直に報告している。この連絡を両氏は上野国の陣中で受け取り、即座に先勝を祝する書状を認めた。

反対に北条家からも沼尻の対陣の状況が伝えられている。七月十五日に岩船山《いわふねやま》（栃木県下都賀郡岩舟町）を攻め取ったと、北条氏規が同月二十六日に報告している。時期的に合戦終結を生む戦果だったようで、このことが伝達されていることは的確な戦況報告といえよう。

北条氏政・氏直と家康は相互に戦況を報告している。しかし、織田信雄・徳川家康軍の形勢不利は変わらず、北条氏政・氏直への援軍要請は事態の反映でもある。したがって北条氏政・氏直は沼尻で佐竹・宇都宮軍と対峙しつつも、絶えず上方の情勢を憂慮しなければならなかった。羽柴秀吉の背後からの援助を受けていた佐竹義重の状況とは著しく異なっていた。

2　沼尻の合戦の余波

巨海の攻防

沼尻での戦況が膠着状態になると、周辺で関連する衝突が起こっていた。

六月二日、由良国繁が巨海《こかい》（群馬県邑楽郡大泉町古海）を攻め、この地を警固していた大藤政信がこれを撃退している。巨海攻めは七月十九日にも長尾顕長によって行われた。巨海には北条勢の兵糧が集積されており、同所は沼尻の合戦に際しての後方兵站基地にあたる重要拠点であった。そして先に確認したように利根川を渡る舟橋が架けられていた場所でもあった。

巨海は北条勢にとっては物資供給および退路の重要拠点であったため、ここを攻め落とすことは沼尻での戦況に著しい影響を与えることになる。沼尻の佐竹義重・宇都宮国綱を支援するため、由良国繁・長尾顕長は背後を攪乱して支援する作戦を採ったのである。

しかし、巨海攻めは北条氏政・氏直にとっては想定される範囲内であったとみえ、「敵をさしたることなく打ち返した」「誠に心地好い次第である」と述べており、北条勢が戦果を恣《ほしいまま》にした。沼尻の合戦に影響を与えるまでにはいたらなかった。

上杉景勝の信濃国出陣

佐竹義重を支援する上杉景勝も後方攪乱に加わった。羽柴秀吉は上杉景勝が上杉領国と上野国の境に軍勢を動かしたことを褒めている。ここでいう境は上越国境の可能性も残るものの、東信濃を指すと思われる。

沼尻での対陣に先立つ天正十二（一五八四）年二月、北条氏政・氏直は信濃国内で唯一確保していた小諸を放棄せざるを得なくなった。小諸城撤退に際しては周辺の領主による城攻めがあったが、彼らのみの軍勢だけではなく上杉景勝の支援があったらしい。

続いて四月上旬には上杉景勝が信濃国に軍勢を動かしている。このとき、海津城《かいづ》（長野市）の屋代《やしろ》秀正《ひでまさ》（一五五九〜一六二三）が上杉景勝のもとを離れ、徳川家康に走っていた。出馬はこの余波で信濃国が徳川方になびくことを未然に防ぐためのものであった。上杉景勝は仕置きを終えて、五月二十三日に春日山城《かすがやま》（新潟県上越市）に帰城している。信濃国でも徳川家康・上杉景勝が敵対関係となり、争っていたことになる。小牧・長久手の戦いおよび沼尻の合戦をめぐる構図は実に複雑である。

秀吉が賞賛した上杉景勝の「御手柄」とはおそらくこの二つの行動であろう。

真田昌幸への警戒

北条氏直は天正十一（一五八三）年にはしきりに真田昌幸を攻めていた。しかし小泉城の問題が起こると真田攻めの矛先は弱まる。天正十二年正月には、真田昌幸の計策にはまり、白井城《しろい》（群馬県北群馬郡子持村）の軍勢が討ち取られるという損害を被っている。おそらく、北条氏政・氏直は対佐竹・宇都宮を優先することになり、真田攻めを中断せざるを得なくなったのであろう。

しかし、北条氏政・氏直は小泉城での状況と真田昌幸の行動が連動することは恐れたはずである。具体的には地理的に近い由良国繁との関係で、真田昌幸が由良国繁を支援して、沼尻に陣する北条本隊の背後を脅かすことである。

沼尻での戦況が膠着した五月二十八日、北条氏政・氏直は五覧田《ごらんだ》城を拠点として取り立てている。五覧田は先に述べたように、沼田と東上野を結ぶ街道、根利ルートの要衝である。この街道は厩橋を経ずして、沼田と東上野・下野方面を結んでいる。その交通の要衝である五覧田に山城を取り立てたということは、由良国繁と真田昌幸の連絡を意識したことのあらわれだろう。沼尻に在陣した北条氏政・氏直は真田昌幸による後方攪乱を恐れ、布石だけはしっかりと打っていた。

北条勢による後方攪乱

後方攪乱は北条氏政・氏直も行っていた。六月二十一日、北条氏照は伊勢崎方面で守りにあたっていた那波顕宗に宛てて、常陸国小田《おだ》（茨城県つくば市）にいた梶原政景が北条勢に寝返ったと伝えた。沼尻の戦況は膠着状態である。そして小田は沼尻と佐竹義重の本拠地太田を結ぶ中間地点にあたる。

常陸国の戦国時代の記録である『烟田旧記《かまたきゅうき》』は、この事件について詳しく記している。梶原政景の翻意は六月十三日。父太田道誉の居城片野《かたの》城（茨城県新治郡八郷町）から老母を連れ出し、その上で北条氏政・氏直へ同心したという。そしてその時期は「佐竹殿が佐野御陣にてことごとく難儀となった頃を見定めて」とある。梶原政景が戦況を見定めて主体的に翻意したことになる。北条側の動向が記されていないが、膠着した戦況打開のために北条家が画策したのは間違いなかろう。その上に梶原政景の主体性もあったことを伝えている。

このように沼尻での戦況が膠着状態に陥ったため、両者ともに後方攪乱の作戦を実施し、戦況を優位に運ぼうと考えていた。しかし双方ともに後方に問題を抱えることとなり、早期に主体的に対陣を終結させる必要性も生じてしまった。合戦は終息へと向かっていく。

3　和平と戦後処理

沼尻からの撤兵

天正十二（一五八四）年七月十五日、沼尻の戦場の北方にある岩船山が北条勢の手に落ちた。北条氏規はこの岩船山のことを「佐竹通用の巷《ちまた》」と呼んでいる。沼尻から宇都宮へ撤退する最短ルートは、三毳山東山麓から岩船山南麓を経由して北東へ進む道となる。その交通の要所である岩船山を北条勢が攻め取ったのである。佐竹義重・宇都宮国綱は退路を塞《ふさ》がれたことになる。さぞや慌てたであろう。

「これによりさまざまに懇望を申すということである」と北条側では伝達されていた。

この岩船山陥落が和議に向けての引き金になった。加えて小田城の梶原政景の翻意の問題もあった。佐竹・宇都宮側の形勢は実に不利であった。

また一方で北条氏照が和議を画策していたとする史料も存在する。北条側が和議を急いだとすれば、徳川家康への加勢問題と背後での上杉景勝の行動のためであろうか。具体的な理由が判然としないが、北条氏照を和議に走らせた何らかの理由が存在した。佐竹側では「氏直、難儀におよび、去月廿二日敗北とのこと」と宣伝している。佐竹義重の側にも勝利を語る要因があったことも確かなのだろう。

両者ともに決定的な戦果も影響もなかった。表面的には合戦は勝敗がつかず引き分けであった。戦陣の長期化を嫌い、両者ともに和議を選択したということだろう。和議に際しては「血判をもって落《らっ》居《きょ》」とあることから、何らかの協定が結ばれている。

沼尻の合戦の終結は天正十二年七月二十二日。陣を解いたのは翌二十三日であった。北条氏直は「はたまた佐竹がさまざま懇望したので、赦免せしめ、今日、陣を除かせた」と巨海を守る大藤政信に強気に書き送っている。

北条勢の金山城攻め

両陣ともに沼尻からすぐに完全撤兵とはならなかった。それぞれ、軍勢を戦後処理に向かわせている。

北条勢は合戦の原因を作った由良国繁の金山城と長尾顕長の館林城を攻める。この事態を佐竹義重に属した真壁氏幹《まかべうじもと》は「手抜きの対応である。前代未聞である」と厳しく佐竹義重を譴責している。また同じく皆川広照は「北条勢は表裏の行動をとって、上野新田表へ攻め入った。前代未聞の対応である」と北条氏政・氏直を非難している。おそらく開陣の協定事項の中に由良国繁・長尾顕長については佐竹・宇都宮方へ帰属するという内容が含まれていたと、真壁・皆川両氏は受け取っていたのであろう。それゆえに北条氏政・氏直の由良・長尾攻めを「前代未聞」と非難しているのだろう。

しかしこのときの金山城・館林城攻めは効果をあげていない。江戸時代初頭、近江国膳所《ぜぜ》藩主石川《いしかわ》忠総《ただふさ》（一五八二～一六五〇）が書き留めた記録には「両城を手に入れることは手間もかからないと思い、廐橋から直ちに新田へ御発向したが、由良国繁の郎従が『この城を枕として討ち死に』と思い定め、堅固に城に籠もっていた。そのため、攻め適《かな》わなかった。そこで引き取って館林に攻め場所を改めたが、金山城以上に堅固に籠もっていたのでこれも適わず、小田原へ御納馬せざるを得ないほどであった」と記している。短期間に終わった理由については、両城とも堅固に籠もっていたことを理由としている。しかしこの時点での北条氏政・氏直の優先課題は徳川家康への加勢準備であった。由良・長尾問題は後回しにされたというのが実態であろう。

直ちには金山城攻めがないと判断した由良国繁は攻勢に転じる。八月二十三日、新田と桐生から軍勢を出し、北条方の拠点である深沢城を攻める。深沢城には阿久沢能登守以下の地元の軍勢が詰めており、由良勢の攻撃に奮戦した。北条氏直はこのときの防戦に活躍した武将九名に感状を送っている。残る感状の多さから、かなりの激戦であったことが想像される。特に阿久沢能登守に対しては「敵方の主だった者ども一〇〇名余も打ち捕らえたことは、誠に心地よいことで、感悦に思う」と褒め送っている。内容をどこまで信用するかであるが、一〇〇名余の損害が事実であれば、由良勢は大損害を被ったことになる。

深沢城は渡良瀬川が関東平野に注ぐ直前にある。沼田にいたる根利ルートの要衝の位置を占めている。由良国繁が深沢城を攻めたのは沼田の真田昌幸との連携を模索したためかもしれない。

由良国繁のこの地域での活動はまだ続いた。十月一日、桐生・足尾・黒川（桐生市黒川）から亀山（桐生付近。比定地不明）北表を攻めた。このときも阿久沢能登守が奮戦し、敵多数を討ち捕らえたと報告している。阿久沢は戦果として鼻験《はなじるし》一四個を北条氏直のもとに送った。鼻験とは軍功の証として、首級の代わりに鼻を削《そ》いだものである。

その後、由良勢は伊勢崎方面を攻めている。北条勢の拠点は茂呂《もろ》城（群馬県伊勢崎市美茂呂町に比定される）と堀口《ほりぐち》城（同市堀口町の那波城に比定される）であった。この両城について北条氏照が「実に『しほり』一重の状態なので、一段と心許《もと》ない」と書き送っている。「しほり」とは土塁・堀・壁などの防御装置のことであろう。これが一重しか回らないという手薄な防備だったと心配されるほど不備な城館であった。しかし、籠もる那波顕宗らは奮戦して由良勢を撃退している。

このように由良国繁の攻撃に各所で防戦を続けていた北条勢であるが、十二月には由良・長尾攻めを再開する。小田原からの出陣は十二月十五日に決定した。これに先立ち上野国内に在陣していた北条氏照は十二月十日には伊勢崎方面の備えを払い、敵方の藤岡城（栃木県下都賀郡藤岡町）に軍勢を向かわせている。伊勢崎方面の備えとは由良国繁の金山城を攻める拠点を指すことから、十二月初旬には由良国繁の居城金山城は北条側の手に渡っていたことになる。沼尻の合戦に火を付けた当事者としては実にあっけない開城だった。

館林城の陥落

金山城を収めた北条氏照は藤岡城を攻めるべく、武蔵国忍《おし》城（埼玉県行田市）城主成田氏長《なりたうじなが》（?～一五九五）の忍衆も率いて下野国へと出馬した。経緯は不明であるが藤岡城も佐竹・宇都宮方に属していたことになる。沼尻の戦場からほど近いため、合戦当初に攻略されたのかもしれない。北条氏政・氏直の敵方であったとすれば、長尾顕長もしくは佐野宗綱の管轄であったはずであり、館林攻めの一環で攻撃されているところからすれば、長尾顕長が管理していた可能性が高い。

ところが藤岡在城衆は、氏照が来襲する直前の十二月十二日夜に城を引き払ってしまう。城攻めが開始されると館林への退却が難しくなることから、早々に放棄したのであろうか。氏照は難なく藤岡城を接収した。藤岡城の西側は上野・下野両国の国境地帯であり、西側を渡良瀬川が流れる。この川を越えれば館林領である。氏照は藤岡城に軍勢を集結させ、十二月二十四日、館林攻めの指令を発する。

越河についての仕置きの条々。

一、明日廿五日の越河の手次《てつぎ》は別紙にまいらせる。

一、小旗の儀は、一手の纏《まと》いなので、物主《ものぬし》（部隊の長）の小旗一本だけ掲げるように。武具には何も指さないようにすること。ただし物主については御随意でよい。

一、川向こうの館林領においては、竹木《ちくぼく》一本であっても切り取ってはならない。郷中へ入る者は即刻に搦《から》め取って、打ち捨てするようにと、小田原から命じられている。その趣旨を覚悟して、厳密に命じること。

一、在陣中は野陣である。その覚悟があるように。

一、道作りについて。全軍勢より出て協力して、陣庭まで普請するように。しかるべき奉行を差し添えて、六時《むつどき》（午前六時頃）以前に氏照陣の先へ来させるように。

一、舟橋の警固について。寄合衆をもって指し置く。物主の名前を書き記し、これを届け出ること。

残された命令書には追記があり、舟橋の警固については、「ただしその手より弐騎を指し置くように」とされ、道普請については、「道作りは四人出られるように」と指示が細かくなっている。これらは、「右条々、少しも相違がないよう、申し付けるように。以上」と締めくくられている。

一、二ヵ条目は移動についての条項。三ヵ条目は敵領での乱暴行為の禁止。これについては小田原からの命令であると注意があることが注目されよう。四ヵ条目は館林城攻めが数日にわたることを想定し、その際は屋外での陣になると予告している。日付は旧暦十二月二十四日。寒さが厳しい季節である。五ヵ条目は道普請に関する条文。おそらく氏照は館林を陣条で囲んで数日にわたって攻める予定であったのだろう。陣所からの道整備を当初から予定していたことは注目される。六ヵ条目は舟橋の警固についてであるが、これは撤退路の確保の条文となる。藤岡から渡良瀬川を渡河するのにかけられた舟橋と思われるが、あるいは利根川を忍領方面に渡る赤岩《あかいわ》（群馬県邑楽郡千代田町）の舟橋かもしれない。いずれにせよ利根川と渡良瀬川に挟まれた館林である。万が一の際の退却路を確保する必要はあった。

これらの条項を明示して、北条氏照の軍勢は渡良瀬川を越えて、館林領へと攻め込んでいった。館林城も年明けを待たずして北条氏照の手に帰すことになる。正月には北条氏直が上野国に下り、最終的な戦後処理をしている。

佐竹義重の小田城攻め

佐竹義重の戦後処理としては常陸国小田の梶原政景の問題がある。沼尻開陣直後、佐竹義重は真壁氏幹に検使を付け、小田城を攻めさせている。

よって小田への御調儀につきて、御検使を差し越された。御作事のように手前の者共は払って立ち越して、作毛《さくもう》（田畑の収穫物）を残るところないように打ち散じました。城中よりの歩者《かちもの》のほか馬までも罷《まか》り出たところに、宿の際まで押し入りました。敵を数多《あまた》打ち留め、手負いの者を出させました。手元の者共がはなはだ討ち死にしました。手負いの者もおります。状況については御検使が報告します。

厳しい掃討が行われたことがうかがわれるが、それだけに佐竹義重としては早く処理したい問題だったのだろう。

小田について北条氏政・氏直は戦時中に一定の関心を示したが、結果として小田の地が佐竹義重に戻っている。小田城攻めや由良国繁・長尾顕長の状況を見ると、和平協定の中に北条氏政・氏直および佐竹義重・宇都宮国綱に帰属する領主については、一連の合戦が起きた天正十一（一五八三）年十一月以前に戻すという条項が含まれていたことを推測させる。無論、旧状回復は自力で行うことは当時の慣例であろうが。

和平協定と「半手」

沼尻開陣に際しての状況について、皆川広照は「北条氏照が合戦終結を計策し、種々の懇望をした。そのため問題なく血判をもって落居した」と記している。血判とあることから起請文《きしょうもん》が作成されたのであろう。何らかの誓約を決めて終結。すなわち和平協定が結ばれたことがわかる。交渉には北条家からは北条氏照、佐竹・宇都宮方からは軍記物によれば佐竹義重の重臣であった佐竹義久があたった。

大きな合戦が行われることもなく、かつ戦果のはっきりした合戦ではなかった。血判で取り決められた和平協定の中身はいかなるものであったのだろうか。

和平協定が結ばれたとしたら、その根幹は領土問題となるはずである。一つにはこの合戦の引き金となった由良・長尾問題であろう。この問題は先にも触れたとおりである。

注目したいのは終戦直後の八月二十一日に出された制札である。結城晴朝が上生井《かみなまい》・下生井《しもなまい》（栃木県小山市）に対して「半手《はんて》」とするという制札を出している。半手とは境界地帯にある村落・土豪などが、両方の領主に半分ずつの年貢を納めて、両属の関係となることをいう。

生井は天正八（一五八〇）年の段階で北条氏照家臣の大石照基《おおいしてるもと》が「東口（小山方面のこと）が思し召しのとおりになれば、取り成しをする」と述べており、その帰属関係は当座のものとされていた。その地について沼尻の合戦直後に敵方である結城晴朝から「半手」とすると制札が出されていることは、和平協定の中で境界が整理され、両属関係の地域が設定されたことを示唆している。祇園城と藤岡城の中間に位置する生井に結城晴朝が権益を有するためには、北条氏照から何らかの承認がなければ実効性を持ち得ない。その承認が和平協定の中で合意されたと考えるのが妥当であろう。一方的な勝利がなかった合戦である。「半手」が設定されたことは戦況に即した取り決めであったように思える。

合戦の結果、大きな領土の変動はなかった。しかし村落の帰属関係などすでに懸案とされていたことは、この和平協定の中で調整されたのであろう。その結果、両属の地域が設定されるということは、複雑な支配関係をさらに生んだことになる。

徳川家康への加勢

沼尻の合戦後、北条氏政・氏直がすぐに着手した問題がもう一件あった。小牧で対陣する徳川家康への加勢である。

天正十二（一五八四）年八月十八日に出された家康の重臣井伊直政《いいなおまさ》（一五六一～一六〇二）の書状には、「しかれば関東の士卒が着陣するので、この秋には入洛が疑いないでしょう」と書かれている。沼尻からの撤兵が七月二十三日であることから、時期的にはちょうどよい。終戦の連絡は家康に伝達されているであろうから、井伊直政は都合のよいように解釈したのかもしれない。ところが必ずしも一人勝手の解釈ではないようである。九月七日の段階で「西衆は尾州表に打ち出ているとのことである。様子により家康に加勢する。少しも油断なく急速の支度をするように」と北条家から命令が下っている。さらに一ヵ月後の十月二日には北条家の重臣遠山直景《とおやまなおかげ》に具体的に徳川家康への加勢衆についての命令が出される。騎馬一八騎に歩行三九人、合計五七名に鑓《やり》・鉄砲・大小旗などの具体的な装備も定めて命令している。軍勢の配分までも決定され、準備は着実に進んでいた。

ただし、この命令には「羽柴退散の注進があったが、加勢については近日中に判断すると使者が申し伝えてきた。俄《にわ》かの支度命令では準備が無理であろうから、事前に申し伝える。直ちに加勢をという所望があれば、重ねて申す」と付け加えられている。徳川家康への加勢は十月初旬の段階では待機状態になっていた。

この後、十一月十五日に織田信雄が単独講和する。小牧の陣にいた家康は陣を払い、三河に帰国する。したがって北条氏政・氏直の加勢は実現することはなかった。

しかし沼尻の合戦が終結した直後に加勢準備を実施した事実は動かない。北条氏政・氏直が沼尻の合戦を終結させたかった一因には間違いなく徳川家康への加勢問題があった。北条氏政・氏直は正面に佐竹義重・宇都宮国綱を見つつも、背後に秀吉を見ていたのだった。

第5章　合戦の中に生きる人びと

1　境目の領主

翻弄された兄弟

戦後、金山城と館林城は完全に北条氏政・氏直が掌握するところとなった。由良国繁と長尾顕長はともに一度は城に戻るものの、両地とも北条家に明け渡している。この事態を宇都宮国綱は「是非なき次第である」と述べている。

振り返ってみれば、由良国繁・長尾顕長兄弟も気の毒である。北条領国の境目に位置し、絶えず上杉謙信など外敵の楯《たて》となって活躍していた。佐竹義重の侵攻は何度となく行われていた。北条氏政・氏直は由良国繁と長尾顕長を敵勢に晒《さら》したままとしていた。全幅の信頼感といえば聞こえはよいが、負担は計り知れなかったのだろう。

北条氏政・氏直からの信頼と佐竹義重からの圧力。両者を秤《はかり》にかけて、由良国繁・長尾顕長兄弟は北条離反を選択したのだった。結果的に判断を誤ったため、世の習い、敗者のレッテルを貼られる。

以後の経過は後述するが、領地削減・没収が待ちかまえていた。歴史に「もし」はないが、もし彼らの所領が北条領国の境目になければどのようになったであろうか。

城を献上した兄弟

由良国繁・長尾顕長兄弟と同じような状況にあったのは小泉城の冨岡六郎四郎である。金山城と館林城の間にあって、沼尻の合戦に際しては厳しい立場に置かれたことはすでに見てきたとおりである。冨岡六郎四郎は北条氏政・氏直に対してある提案をしている。

当城のことは、小地とは申しながらも、重要な場所にあたります。新田と館林は只今《ただいま》は御静謐《せいひつ》ではありますが、それ以外には武蔵国に近い利根川縁には御城がございません。当地小泉につきましては小地ではありますが、北条家に背くことはありません。かつ、この三代四代のうちはまったく悪意を持つことはありませんでした。北条領国の一の木戸として働きました。小さい地ではありますが、お気遣いなく御仕置きを仰せ付けください。拙者兄弟は北条氏照・氏邦へ進上して頂けましたら、その働きは何をもって譜代衆に劣りましょうか。

文書の後半が裁断されており、日時・差出人・受取人などの基本的情報が欠落しているが、文意から発給者は冨岡六郎四郎、宛所は北条氏政か氏直と推定される。時期は「新田と館林は只今は御静謐」とあることから、天正十三（一五八五）年正月以降で、内容から正月をさほど隔たらない時期と思われる。

文書の趣旨は文意に明らかであるが、冨岡六郎四郎は小泉城を北条氏政・氏直に進上し、自身と弟新三郎は北条氏照もしくは氏邦の家臣になることを希望している。沼尻の合戦に際してはまさにその渦中に存在し、由良国繁・長尾顕長兄弟の顚末を目前に見た冨岡六郎四郎の決断である。北条領国の境界で先祖相伝の地を守るよりは、北条領国の内部で北条氏政・氏直に奉公するほうが、家を存続できると判断したのだった。

上野国東部の由良国繁・長尾顕長兄弟と冨岡六郎四郎・新三郎兄弟。彼らは同じ境遇にありながら、異なった判断をし、別々の道を歩むことになる。北条家という枠を出ることができないまま。

2　戦場の武士

戦地を見舞う書状

宇都宮国綱に従って沼尻の戦場に赴いた一人に下野国南部の多功《たこう》（栃木県河内郡上三川町）の武士がいた。多功房朝《ふさとも》という名であったと推定されている。多功は宇都宮国綱の所領の外縁部にあたり、かつ小山の北方ほど近くに位置する。天正十年代には北条氏政・氏直による圧力が強かった地域である。

この多功家出身の僧に慈心院尊紹《じしんいんそんしょう》という人物がいた。慈心院は宇都宮城下にあった寺院で、宇都宮大明神（二荒山神社）の神宮寺であった。沼尻の合戦に際して、この尊紹が数通の書状を認《したた》めている。このうち、対陣も終盤となった七月九日の書状には、戦場に身近の縁者を送る人の気持ちが溢れ出ている。

尊紹は以前に多功房朝から「合戦はもうじき終わりとなる。早々に終戦となる」と連絡を受けていた。文意から多功房朝と尊紹はごく近親の人物と思われる。ところがその後、多功房朝は「死亡した」という情報を尊紹は受けていた。戦場の死亡情報のため、真偽のほどがつかめず非常に心配していた。

そんなところに本人からの手紙が舞い込んだのである。そのうれしさは計り知れない。返書の冒頭で「幸便を頂きまして、喜び入りましたのでお手紙申し上げます」と書き出す。なんということのない書き出しであるが、「喜び入り」の語に一層の感情が込められているように思える。

長陣となった沼尻の合戦での活躍を労《いたわ》りつつ、尊紹には新たな心配が生まれていた。「戸張《とばり》番があって、とても気詰まりで、辛労である」と戦場から告げてきたためである。戸張番とは陣所の門番であろう。いざ敵が攻め寄せてきた際には、一番の標的とされる場所である。「もちろんながら、油断のないように。申すまでもありませんが」と尊紹は書き送っている。返す言葉がないという心境であろうか。

心配ごとはさらに続く。「少し以前は梅雨でしたが天気はいかがでしょうか。残暑の季節ですが今ほどは気合いを入れてください。油断ないお心がけが大事です」と天候による体調変化を気遣っている。続けて「皆さん陣中へのお労りについて、申し述べたいのですが、とかくその儀はできません」と付け加えている。書状の大半をこのような陣中見舞いが占めている。

加えて追って書きまでも付して、再度、戸張番を心配している。「明後日は戸張番とのこと。御太《たい》義《ぎ》です。もちろんのことながら、御油断なきように」と。

戦場に近親者を送る気持ちは今も昔も変わりがない。そのようなことを感じさせる手紙である。宛先の多功房朝は一説に尊紹の兄であるという。

忍びの運命

『古先御戦聞書』という記録には北条勢が佐竹陣に放った忍びについての記事がある。

七月十五日の夕刻、佐竹家の目付が暮れになって草の荷を背負って陣の前をうろつく者がいると報告した。この報告後、目付は草の荷を背負った二人を搦め捕らえ、尋問した。「味方の者」と申告するが、主人の名前は明かさない。「北条の忍びではない」と弁明するが、背負った草の荷物から、刀と火打ち道具が発見される。返答に窮し、「北条の忍びである」と白状するにいたる。正体が露見してしまった北条方の忍びは佐竹義久に預けられる。そして七月十七日朝に北条氏政の陣所前で首を刎《は》ねられ、晒された。留《とど》められた記録はやや事実に合わない点もあるが、戦時中の一齣《ひとこま》としていかにもあり得る話である。あわれな忍びの最期であるが、注意を払いたいのは首が敵前に晒されたことである。北条勢の戦意を削ぐための行為にほかならない。

戦国時代、首を敵陣に向けて晒し、戦意を削ぐ行為が行われていた。家康と北条氏直が戦った若神子の合戦の際にも黒駒で敗れた北条勢の兵士の首が、北条勢陣に向けて晒されていた。遡って天文十六（一五四七）年、信濃国志賀城（長野県佐久市）を攻めた甲斐国の戦国大名武田晴信（信玄）も、討ち取った志賀城の兵三〇〇〇人の首を、城の周囲に晒している。実に異様な光景であったろう。

犯罪者の首を都市内のしかるべき箇所に掲げて、都市民に晒すという行為はよく知られていたことである。これに対して合戦でのこの行為は、味方の首が目前の敵陣に掲げられ、戦意喪失の材料とされるものである。多分に状況を異にするが、首を晒すというショッキングな行為が戦時中にも一つの手段として定着していた。異様な光景であるが、戦国時代では戦場の習いとして当然の行為だったのである。

自らの死後もその首級が戦場の道具として活用される。おそらく死に臨む誰もが望んだことではないだろう。

天野景貫・忠景父子の喜び

合戦に赴いた人にはさまざまな思いがある。沼尻の合戦に際しても同じであった。四月二十七日、合戦の功が賞されて一通の感状を得ることができた天野《あまの》忠景《ただかげ》とその父景貫《かげぬき》の喜びはいかばかりであったろうか。

佐竹勢の南下により、四月二十二日に小山で合戦が起きた。その際に天野忠景は敵二人を討ち取る軍功をあげる。感状はそのことに対して北条氏直から出されたものである。

合戦に先立って、天野景貫・忠景父子は天正十二年三月に出陣の命令を受けて、小山に詰めるように命じられる。三月二十六日に出立し、二十八日には栗橋（茨城県猿島郡五霞町）に着くように求められた。その後、命じられたように小山に移り、四月二十二日に合戦となった。

父景貫は「四月二十二日の合戦で敵二人を討ち捕る軍功をあげた息子天野忠景に褒美を」と北条氏照の家臣大石秀信《おおいしひでのぶ》に書状を出した。その書状は氏照にも披露され、氏照は直書を認めて軍功を北条氏直のもとに報告した。その結果、氏直から軍功をたたえる文書が出された。この文書の発給について、「我らにおいても満足これに過ぎるものはありません」と、取り次いだ北条氏照や大石秀信までもが喜んでいる。そして大石秀信は北条氏照の近くでの合戦の近況を連絡し、小山での加えての働きに励むようにという指示を続ける。沼尻の合戦の一断面である。

さてこの天野景貫であるが、伊豆国の鎌倉御家人天野氏の後裔で、遠江国北西部山香庄《やまか》（静岡県浜松市）を本拠地としていた。当初、今川家に属していたが、今川家の衰退とともに徳川家康と武田家に挟まれ、最終的に武田家に属する。しかし、長篠《ながしの》の合戦で武田家が敗退すると、天野景貫は本拠地犬居《いぬい》城を失い、武田家を頼って甲府へと落ちていく。しかし武田家も滅亡してしまう。その後の天野景貫に関係する文書はこの沼尻の合戦に関連する文書となる。

つまり、武田家滅亡後、北条氏照を頼って関東にやって来た。おそらく知行地を何ら持たないままで小山へ出陣となったのであろう。天野景貫・忠景父子としては天野家の再興を祈願しての出陣であったろう。また氏照の周辺としても庇護した名家の復活は期待していた。感状を得たことは復活に道が開けたことになる。そのことを天野景貫ばかりではなく北条氏照・大石秀信までもが喜んだのだった。

岩橋盛重の加勢

合戦に先立って会津の蘆名盛隆は佐竹義重から「小山に向けて打ち出るので」と援軍の要請を受けていた。蘆名盛隆は加勢を検討し、決定した内容を上杉景勝のもとへも連絡していた。この決定の時期から考えて、佐竹義重から蘆名盛隆への要請は沼尻への出陣まもない頃であった。はるばる会津から沼尻の地に援軍が送られる。その内容は要請にしたがい舟と鉄砲を付けて足軽衆を派遣するものであった。舟が要請されるということは大規模な渡河を予想していたのであろう。派遣された軍勢は五月十三日には沼尻に着いていた。

蘆名家から派遣された軍勢の中に岩橋盛重《もりしげ》という人物がいた。岩橋は蘆名盛隆の命を奉じて沼尻で軍功をあげていた。その働きを主君に報告することも忘れなかった。蘆名盛隆はその働きに悦《よろこ》び入り、追加の鉄砲を送っている。「万々重ねて気合いよく、心やすく」と言葉が添えられており、戦場の家臣を労っている。

岩橋盛重の沼尻での働きが佐竹義重の目にとまる。六月五日に戦場で不慮の掛け合いがあった。この小競り合いで「とりわけの働きで、辛労の様子は比べようがない」と感状を与えられた。蘆名勢は面目躍如たるものがあったろう。

その感状を岩橋家では保存していた。のちに蘆名家は佐竹家に吸収され、岩橋家もそのまま佐竹家に仕えた。元禄十（一六九七）年十月二十二日、子孫の岩橋又右衛門は由緒書を作成し、佐竹家に提出する。その中で忘れずに「御加勢に曾祖父が参陣しましたところ、とりわけの働きとして義重公から御感状を頂いた」と主張している。なお、このとき岩橋又右衛門が所持していた感状は写しで、原本は津軽の親類が持っていたという。たとえ写しであっても軍功はものをいう。先祖の勲功と藩主家との繋がりは、家臣となった子孫の由緒を高めることとなる。

佐竹義重の文書

岩橋家と同様なことはほかにもあった。佐竹義重の配下に浜野正杞《はまのまさき》という武士がいた。佐竹義重は浜野正杞の戦功をたたえた文書を六月二十八日に与えた。「この度、小山においての働きは神妙であった」として、土佐守の官途を与えるというものだった。

時代は下り関ヶ原の合戦後、佐竹義宣《よしのぶ》（一五七〇～一六三三）は出羽国替となる。この折、浜野正杞は病気であり、かつ男子もいなかったため、「お供はできない」と出羽行きを辞退し、佐竹義宣から暇をとり、下総国上山川《かみやまかわ》（茨城県結城市）に帰農した。死去の際には多くの文書を棺に入れたが、佐竹義重の文書だけは「なにかの役に立つように」と家に伝えた。残されたのは娘一人。この娘は滝沢茂右衛門という人物と結婚し、上山川に居住していた。浜野の家名は断絶することになる。

浜野正杞が義重判物《はんもつ》を得ていたということはのちに広く知られたことだったようで、江戸時代初頭の領主であった水《みず》野《の》忠光《ただみつ》が判物を披見に来た。また佐竹義重の子義宣も鷹狩りの折に父義重の文書をわざわざ見に来た。義宣はその際に所持者であった滝沢茂右衛門に対して秋田藩での仕官を誘っている。その縁であろうか滝沢茂右衛門の子である正光は、佐竹一族で歌人であった佐竹義寛《よしひろ》（一六二五～七七）に仕官していた。さらにその子十左衛門の頃には藩主へ佐竹義重判物をご覧に入れるという計画が練られている。

元禄十一（一六九八）年に藩へ提出する系図・由緒書を作成した折、浜野正杞が得た義重文書の所持者は浜野久兵衛といった。浜野家が再興されていた。あるいは浜野正杞が藩祖佐竹義重から軍功をたたえる文書を得ていたということが機縁になったのであろうか。

江戸時代、藩主が自らの祖先の出した文書の披見を所望するなど、藩祖の文書の所持は主君との縁を形成する機会を生み出していた。軍功によって得られた文書は、その手柄の主だけの褒美にとどまらなかった。時代が下ってもその子孫とそのときの藩主との繋がりを生んだ。先祖の軍功の文書が子孫の家格を上昇させ、家の繁栄を保証していたことになる。沼尻の合戦で得た軍功の文書は江戸時代までも影響をもたらしていたのである。

軍功の覚書

戦国時代の終わりから江戸時代の初頭にかけて、合戦の参加者が自らの軍功を書き連ねた覚書が作成された。自らの軍功を後世に伝えるためであるとか、あるいは仕官の際の履歴書的に記されたものであろう。これらの中にも沼尻の合戦の記事が含まれる。

辻《つじ》加賀守《かがのかみ》という人物がいた。当初は北条氏邦の家臣であり、北武蔵や上野国で活躍している。この人物も「辻加賀守高名之覚」と書き出す覚書を作成した。その覚書に書き記された高名のうちの九件目に、

同壱《(首)》、下野藤岡表にて、佐竹殿小田原御対陣の時、高名いたしました。

という記載がある。北条氏邦の家臣として佐竹方の首を一つ取るという高名を立てたと記載しているのである。

この辻加賀守、藤岡での高名を最後に北条氏邦家臣での高名がなくなり、奥州に下って上杉景勝家臣直江兼続に仕えたと記す。その時代の軍功を二件ほど書き連ねてこの覚書は終わりとなる。

ところが、この覚書は「秋田藩家蔵文書」のうちの一通である。つまり、辻加賀守は秋田藩佐竹家の家臣になったことになる。そして、文末には「右の条々に御不審がございましたら、他家中にも証人がおります。お尋ねになられましたら、引き合わせて、その内容を証明申します」と締めくくっている。佐竹家への申告書であることは間違いない。佐竹時代の軍功がないことから、佐竹家に仕官す

るときに作成された書類の一つであろう。

驚くべきはこの辻加賀守の度胸である。その申告書に沼尻の合戦で佐竹方から首を取った高名を堂々と書いているのである。佐竹家に対しては印象がよい記事ではあり得ないのであるが、間違いなくこの覚書は佐竹家に提出された。果たしてどのような印象を持たれたのであろうか。事実は辻家が佐竹家臣となっていたということのみである。

桜井武兵衛という人物も覚書を作成している。

我等走り廻りの覚書

一、藤岡表にて、佐竹衆・小田原衆対陣の時、諏訪部宗右衛門尉・我等、鑓《やり》にてはじめて戦い、仕事をした。そのとき、諏訪部宗右衛門尉が氏直へ召し出され、本意を遂げた。

この項目は覚書冒頭に書かれており、このあと項目は一一項目ほど立つ。北条氏邦に従っていた桜井武兵衛は、北条家滅亡後、越前松平家に仕える。最後の項目は大坂の陣についての内容で立てられている。沼尻の合戦に始まって大坂の陣に終わる覚書はまさに中世から近世への移行期に生きた武士の記録といえる。沼尻の合戦が冒頭にあるということは、桜井氏にとって印象深い合戦ということにもなるのであろうか。

戦で軍功を立てること。武士である以上、間違いなく目標である。辻加賀守も桜井武兵衛も自ら作成する覚書に軍功を書き立てて、自らを顕彰している。この行為が武士としての評価に繋がった。一つでも多く軍功を書き立てたい。その合戦の勝敗とは別の次元ではあるが。そんな思いが戦場の武士一人ひとりにあった。その記録がこの覚書なのである。

3　戦場となった村落・寺社

「禁制」の要求

合戦に乱暴や掠奪《りゃくだつ》はつきものであった。戦場となった村々で食糧は兵糧に、人は奴隷にされ、散り散りにされる。藤木久志『雑兵たちの戦場』は死の商人が暗躍する戦場を具体的に描き出した。

戦乱にともなう乱暴や掠奪から地域を守るため、一つの手段がある。戦争当事者の領主から禁制《きんぜい》という文書を発給してもらうことである。わざわざ、戦争当事者のところに出向き、礼銭を納めて禁制をいわば買い取る。このような苦労があって地域では戦乱から身を守ることができた。峰岸純夫『中世災害・戦乱の社会史』は長年寺《ちょうねんじ》（群馬県群馬郡榛名町下室田）の僧受連《じゅれん》の奮闘を確認する中で、禁制を発給するルールを見出した。地域は一方的に戦場に巻き込まれ、そして礼銭を支払う。非常に不条理な一面に思えるが、中世社会では村落や寺社などが自らの生命を存続させるために重要な手段であった。

沼尻の合戦に際しても、禁制は発給されている。その一事例が足利家ゆかりの鑁阿寺《ばんなじ》（栃木県足利市）である。

沼尻の合戦当時、鑁阿寺は長尾顕長の領内であった。したがって鑁阿寺は長尾顕長とは縁があったはずである。ところが沼尻の合戦に際しては、寺を守るために敵方の北条氏政・氏直から禁制を得ようとしていた。長尾氏との関係に負い目を持ったのであろうか、仲立ちを古河公方家奉行人である芳春院松嶺に依頼している。松嶺は丁寧に回答している。紹介状を認《したた》めたこと。事前の準備は調えたこと。依頼する先は今回は北条氏照がよいこと。今後も御用があれば北条氏照を頼ること。北条氏照には間宮綱信を窓口とすること。松嶺は鑁阿寺に逐次、書面で回答している。

おそらく鑁阿寺は松嶺の紹介状を添えて、禁制の発行を依頼したであろう。禁制を得ることは、自身そして地域の安全を確保するために重要なことであった。このとき沼尻の戦場からやや離れた下野国下宮《したみや》郷（栃木県下都賀郡藤岡町）も禁制確保に向けて交渉していた。鑁阿寺や下宮郷が禁制確保に向けて活動したことは、その背後に同様に多くの村落や寺社が禁制を求めて必死に活動していたことを示唆している。中世の戦争と地域の安全を考える重要な視点が沼尻の合戦に際しても伝えられている。

百姓たちの抗議

合戦が起きると農地が踏み荒らされる。戦場の常である。場合によっては「苅り働き」といって、作毛を刈り取ってしまうことも起こる。経済力の減退を狙った行動である。これらの被害、戦災に対しては当然のことながら補償はない。

新田・館林・藤岡・榎本・小山を結ぶ線上近くに存在した村々では、沼尻の合戦をピークとして数年にわたって合戦が続いていた。被害は甚大であったろう。その戦災をめぐって一つの年貢減免の要求が出されている。申請者は鑁阿寺領の橋本郷（足利市山川町付近）。減免を求められたのはその地の領主、鑁阿寺である。

天正七（一五七九）年までは長尾景長の治世時分に定められたように、年貢を毎年一貫五〇〇文ずつ納めてきた。その後の天正八年から天正十一年までの四ヵ年については佐竹勢の乱入があったので、減額された額で年貢を支払ってきた。天正八年は一貫一〇〇文、天正九年は一貫三〇〇文、天正十年は一貫一〇〇文。天正十一年は佐竹義重の乱入に加えて洪水などもあり、納入先の各子院および年貢負担者によってまちまちであるが、五〇〇文から一貫一〇〇文の範囲で一二名の負担者が各子院に納めていた。つまり状況に応じて真面目に年貢納入をしてきたと橋本郷は主張している。

天正十二（一五八四）年については沼尻の合戦によって北条勢の戦場となってしまった。そのため夏作の作付けが一円にできなかった。合戦当初である三月から四月にかけて、北条氏照の軍勢が足利を攻めている。その戦場となったために、春の農作業が一切できなかったのであろう。収穫がないのだから年貢を納めることもできない。橋本郷の百姓中の心情は察するにあまりある。

しかし鑁阿寺は領主といえども合戦当事者ではない。年貢がなければ寺が立ちゆかない。鑁阿寺は当然のように年貢の支払いを迫った。そして「夏に作物の収穫がないので夏年貢が払えない。年貢の免除を」と申請する農民に対しては秋作に年貢を転嫁しようとした。もしくは土地そのものを取り上げようとした。橋本郷の百姓たちはこの鑁阿寺の取り立てに抗議したのである。

沼尻の合戦によって、両者ともに戦災を被ったということになろう。橋本郷の年貢減免申請の続きはどのようになったかはわからない。疲弊した農地を回復させるため、一定の減免を実施する必要は領主側にはあったため、減免利率をめぐる交渉が焦点となったと推測される。しかし、両者ともに並大抵の交渉ではなかったろう。

同様な申請は他の村落からも出されていたと推測される。戦乱は地域社会に深い傷を残す。その傷からいかにして立ち直ったか。このことを語る史料は、実はきわめて少ない。しかし、この橋本郷の百姓中のように戦災復興のための活動は必ずや行われていたはずである。

第6章　沼尻の合戦後の東国

1　佐竹義重・宇都宮国綱の焦り

反北条勢の危機

沼尻の合戦後の関東情勢は、結果的に北条氏政・氏直が望むようになっていた。新田領の由良国繁を金山城から桐生城に、館林の長尾顕長を足利城に移し、金山・館林両城を接収してしまった。天正十三（一五八五）年一月には当主である北条氏直は自身が出馬して、両城ともに普請を実施し、城攻めで傷んだ箇所などを修復している。二月五日には宇都宮国綱が「普請が完成し、近日中に氏直は小田原に帰陣すると伝えてきた」と陸奥国南部の大名で白川小峰城（福島県白河市）城主白川義親《しらかわよしちか》（一五四一～一六二六）に連絡している。およそ一ヵ月で由良・長尾問題について一定の処理が終わったことを示している。

天正十一年九月、北条氏直により厩橋城が落城したとき、佐野宗綱は「この上は一直線に、この方面に向けての動きがあるだろうから、油断なくその構えをします」という認識を示していた。結城晴朝も十月に「この上は佐野・当結城口へ攻略がある」と白川義親に報じていた。厩橋陥落ですらこの脅威を語っているのであるから、金山・館林の接収は北関東の諸領主により一層の脅威を抱かせたに違いない。

この事態のなか、下野北部領主塩谷《しおや》家の内紛に端を発し、宇都宮国綱と那須資晴《なすすけはる》（一五五六〜一六〇九）が戦争状態となる。那須資晴は『平家物語』で著名な那須与一《なすのよいち》の末裔で、下野国烏山《からすやま》城（栃木県那須郡烏山町）を本拠に下野国北部を勢力基盤とする領主である。

天正十三年三月、宇都宮国綱と那須資晴は薄葉《うすば》が原《はら》（栃木県大田原市）で激突した。この対立に反北条派の領主は焦燥感を持った。白川義親は「その様子が心もとない。関東・奥羽の評判としてよろしくない。平和となることが肝要である」と評している。

この宇都宮国綱と那須資晴の対立に佐竹義重と結城晴朝が調停に入り、終結に導いた。その際の交渉過程で、結城晴朝家臣の水谷正村《みずのやまさむら》は「先々《まずまず》、千万の不足を差し置いて、御味方中が御一統することを念願しております。結城晴朝の滅亡は眼前なのです」と那須資晴に懇願している。宇都宮国綱との対立を差し置いて、北条氏政・氏直との対決を優先しなければ、という切迫感を語っているのである。結城家の危機が悲鳴をあげて訴えられている。

天正三、四年頃以来、結城晴朝目前の小山には北条氏照の拠点が構えられていた。加えて厩橋城陥落、そして金山・館林両城の接収。まさに「結城晴朝の滅亡は眼前」という状況だった。この直後、結城晴朝は病になり、出陣することさえできなくなってしまう。病状は定かではないが、水谷勝俊は「馬にも乗れない」と語っており、その期間は天正十四年三月頃より八月までの長期にわたっている。家の存続と北条氏政・氏直の脅威が結城晴朝を病の床へ追い込んだことは想像にかたくない。戦国武将といえども人の子である。精神的プレッシャーがいかなる状況をもたらすかを語っている。「御味方中が御一統」の願いは那須資晴には確実に届いていた。天正十四年七月であるが、「味方中が一統しての防戦を念願」すると述べている。下野北部にあっても北条氏政・氏直の脅威を認識していたとみるべきなのであろう。

結城晴朝と同じように宇都宮国綱も精神的プレッシャーを当然のことながら感じ、そしてさらなる危機感を抱いていたはずである。それは「御味方中が御一統」を呼びかけるというかたちではなく、別のかたちで表現されている。すなわち、より安全な拠点の構築である。宇都宮北西部の多気山《たげさん》に新城を構え、新拠点としたのである。

新しい拠点として多気山城が築かれたのは天正十三年八月二十八日。この取り立てについて結城晴朝は「宇都宮国綱が居城である宇都宮城を維持できなくなり、新地を取り立てた」と上杉景勝に連絡している。「維持できなくな」ったとは、軍事的により安全な場所を求めたと考えるべきであろう。年次的にもそして結城晴朝の言からも、多気山築城は明らかに北条氏政・氏直の脅威への対応である。

壬生義雄の裏切り

北条氏政・氏直の脅威が下野国を席巻しはじめる頃、壬生義雄《みぶよしお》は宇都宮国綱を見限って北条氏政・氏直に属してしまう。壬生家は下野国内壬生（栃木県下都賀郡壬生町）・鹿沼（同県鹿沼市）両城を拠点に勢力を張っており、宇都宮家とは友好敵対の関係を繰り返していた。天正十三（一五八五）年に離反する以前はわずかな期間であるが宇都宮国綱と友好関係にあった。

壬生義雄の離反について、江戸時代に編纂された軍記物の『関八州古戦録』は、宇都宮家内での権力闘争に敗れたためという主旨を記しているが、時期的に考えて、沼尻の合戦後の政治情勢が大きく影響していたことは間違いない。天正十三年三月一日に出された結城晴朝の書状には「鹿沼地落居」と記載されており、また続く四月二十八日の段階では常陸国府中（茨城県石岡市）の領主大掾清幹《だいじようきよもと》（一五七三〜九〇）は北条勢が壬生領を攻めたと聞きおよんでいる。壬生義雄の離反は北条勢の軍事行動が契機となったことは間違いない。具体的な時期は詳細にはならないが、天正十三年二月頃には佐竹・結城勢が鹿沼攻めを行うことから、天正十二年末から翌年二月前半と推測される。ちょうどこの頃、宇都宮国綱は那須資晴と戦い、北方面に勢力を注ぎ、三月二十五日には薄葉が原で両勢が戦っている。おそらくこの情勢の背後を突いて、北条氏直は壬生義雄を攻めたのであろう。

宇都宮と壬生義雄の拠点である鹿沼との距離はおよそ一〇キロ。宇都宮国綱としては指呼の間に北条氏政・氏直の拠点ができたことになる。宇都宮国綱の驚きはいかばかりであったろうか。そのため宇都宮国綱は執拗《しつよう》に鹿沼攻めを繰り返すことになる。まず天正十三年二月頃に佐竹義重と結城晴朝の助勢を得て、鹿沼を攻める。

四月には佐竹義重の嫡子義宣と宇都宮国綱勢が出陣する。このときの合戦は佐竹義宣の初陣であった。それゆえに華々しい戦果が望まれていた。鹿沼に赴かない佐竹義重が初陣を心配する書状を十九日に出している。おそらくこの日あたりからの戦闘であった。

攻撃は壬生義雄の重要拠点である鹿沼城・壬生城と両地を繋ぐ要衝の羽生田《はにゅうだ》城（壬生町羽生田）に向けられた。三ヵ城すべて焼き打ちをしている。二十八日には八方山《はちぼうやま》（鹿沼市板荷と今市市小倉の境）でも合戦が行われている。このときの壬生攻めは二十九日には終了しており、短い期間ではあったが領内の各所を攻めていた。宇都宮国綱は「他国への評判として重要である」と戦果を誇っている。また佐竹義宣は「壬生領攻めはことごとく存分のとおりとなった」と隣国の白川義親に報告している。佐竹義宣・宇都宮国綱とも、十分な戦果があがったと宣伝しているのである。しかし、壬生義雄は北条氏政・氏直に属したままであった。

続いて天正十三年末から翌十四年正月にかけても、佐竹義重が壬生・鹿沼を攻める。このときの合戦では日光山から壬生義雄への加勢があった。

繰り返される壬生攻め

天正十四（一五八六）年三月中旬から四月にかけても佐竹義重・宇都宮国綱が大々的な壬生領攻め

を敢行する。出陣に際して、壬生に隣接する地の領主である多功綱継に対して、「多功氏の働きで壬生問題を解決させたのならば、そのほうに壬生の地を渡す」という約束をして、壬生攻めに向かわせている。三月十五日、壬生東方の藤井（壬生町）において合戦が行われ、このときよりしばらく壬生城攻めが続いた。四月三日には羽生田城攻めも行われており、戦場は拡大していく。

四月中旬には鹿沼城も攻められ、城下町が焼き払われる。宇都宮国綱は「鹿沼城に攻め込み、城際まで残すところなく焼き払った。自落は時間の問題である」と自信たっぷりに上杉景勝に報告している。また佐竹義重は城名は不明であるが、城が中核部を残すだけになるまで攻めたと報じている。あるいは同じく鹿沼城のことであろうか。

このときの宇都宮・佐竹両家による壬生領攻めに先立ち、北条氏直は宇都宮を攻めていた。そのため天正十四年以降に両家が行った鹿沼・壬生攻めは、北条氏直の宇都宮攻めを回避するため、侵攻のための拠点つぶしの目的もあったと思われる。したがって佐竹義重・宇都宮国綱の攻撃は徹底的なものだった。

ところが攻撃を受けた壬生義雄も強気である。五月二日に伊達家臣片倉景綱《かたくらかげつな》（一五五七～一六一五）にはじめて連絡をとり、「去月に佐竹・宇都宮が相談して愚領に調儀におよんだ。しかしながら思いのままに防戦を遂げて、敵を多数討ち捕らえ、手負いの者は際限なく出させた」と書き送っている。対外的な宣伝だからといえばそのとおりであるが、先の佐竹義重・宇都宮国綱の言とはまったく正反対の内容となっている。

しかし壬生義雄はその書状の中で「きっとその聞こえがあったと思います」と書き記している。伊達政宗のもとまでも当然のことながら聞こえているだろうと、大規模な合戦があったことを認めている。どちらの側に利があったかわからないが、大激戦があったことは間違いない。

三ヵ月ほど時間をあけた天正十四年七月、再度、大規模な鹿沼・壬生攻めが行われた。これは後述するが五月に壬生義雄の南に位置する皆川広照が北条勢に下ったことを契機とすると思われ、佐竹義重・宇都宮国綱は退勢挽回の意志を込めていた。

七月初旬、佐竹義重から出陣の触が出され、常陸国行方《なめがた》郡にまで軍勢催促がなされている。結城家では結城晴朝が病気のために不参となってしまったが、水谷勝俊が代官として参戦している。したがってこのときの佐竹勢の出陣はかなりの規模であったことになる。対する北条氏政・氏直も大動員を実施して援軍を壬生義雄に送っている。小田原からの北条氏直の出陣は七月二十二日であり、二十九日には利根川を渡っている。

対する佐竹勢は七月二十八日には鹿沼攻めを開始する。遅れて結城家臣の水谷勝俊は二十九日に結城を出立した。八月一日には、宇都宮・佐竹両勢は鹿沼と八方山を攻めており、宇都宮国綱家臣の芳《は》賀《が》高継《たかつぐ》（?～一五九二）は壬生方の「宗たるもの二〇人を生涯させた」と戦果を誇っている。そして四日には壬生・鹿沼の連絡を遮断するため羽生田へ転戦した。このときも戦場は壬生領のほぼ全域を覆うことになった。

佐竹義重・宇都宮国綱は再三にわたって、鹿沼・壬生攻めを敢行した。しかし、壬生領の占領という決定的な戦果を得るにはいたっていない。正攻法で戦果が得られないため、さまざまな策も弄《ろう》した。また七月の鹿沼城攻めに際しては、城中への画策を行い、乗っ取り計画を実施しようとした。しかし事前に発覚して失敗に終わっている。

天正十三年二月以降、佐竹・宇都宮両家は表裏さまざまな方法で鹿沼・壬生を攻めた。しかし、結果として、壬生領を回復することはできなかった。宇都宮にほど近い壬生領すらである。宇都宮国綱も結城晴朝同様に北条氏政・氏直の間近に拠点を築かれ、その脅威に直接的に晒されることになった。北関東の反北条勢力はもはや軍事的に北条氏政・氏直に抗しきれないことが明らかになってしまう。この状態は沼尻の合戦後、年を重ねるごとに深まっていった。

2　北条のさらなる北進

拡大する北条家の領国

沼尻の合戦後、大きく変わった点は、由良国繁の金山城、長尾顕長の館林城が北条家の城館となったことだった。反北条勢が合戦当初に意図していた新田・館林・藤岡・榎本・小山ラインの破壊は、完全に失敗したどころか、反対に強化されたのだった。合戦の上では引き分けを装いながらも、関東の政治情勢上は北条勢の勝利として、沼尻の合戦は終結することとなったのである。

特に金山城は北関東の重要拠点に位置づけられる。金山城には由良国繁に替わる支城主が配置されるのではなく、北条氏政・氏直が直接に管轄する城となったのだった。天正十三（一五八五）年十一月には金山城の北曲輪《きたぐるわ》・根曲輪《ねぐるわ》・西城と呼ばれる部署に家臣が送り込まれている。この時期には北条氏直による佐野・皆川・宇都宮攻めが行われており、金山城への在城命令も下野侵攻の背後を固める目的があった。そして、翌天正十四年前半には新田領の検地が実施され、金山在城を命じられた家臣に所領が与えられている。新田領の北条氏政・氏直による支配がより一層浸透していく。

続いて天正十五年八月には小田原から清水康英《しみずやすひで》（?～一五九一）が派遣される。清水康秀は伊豆を本貫地とする北条氏政・氏直の重臣で、北条家内の評定衆《ひょうじょうしゅう》・奏者《そうしゃ》などの要職を務めるほか、秀吉襲来が懸念される天正十六年には海路の要衝である伊豆下田城の城主となる人物である。この清水康英が金山城に赴任するよう命じられたことは、北条氏政・氏直が金山城を北関東における直轄の重要拠点に位置づけ、対下野経略の拠点に据えようと考えていたことをうかがわせる。利根川を渡河した地点に所在し、下野方面への基点として考えていたのであろう。沼尻の合戦前に比して、「北条の夢」がまた一歩前進したことになる。

天正十三年二月七日、北条氏照は伊達政宗の相続（同十二年十月）を祝う書状を家臣の遠藤元信に宛てて送っている。書中で、「上野表厩橋の地をはじめ本意となった。領国の西国表は無事である。これにより、旧冬より、野州に在陣。常・野の仕置きを存分に命じた。日を追って当表は静謐心であるので、ご安心してください」と述べる。佐竹義重や宇都宮国綱らが健在であっても、氏照は常陸・下野両国は「存分に」、すなわち思い通りにと言い放っている。すでにその視野は遠く出羽・陸奥にまで向いているといえよう。

北条氏政・氏直と反北条が拮抗していた北関東情勢は、いま見てきたように沼尻の合戦後になると決定的に北条優位となった。その象徴的な出来事が由良国繁の金山城の接収であった。従来はいわば外様家臣の本城であった城を自らの直轄の城として、北関東経営の拠点に据えることができたのである。現実に離反したような不安定な地であった新田領を領国に編入することができたのである。拠点を固めた北条氏政・氏直の矛先は本格的に下野国内へと向かう。当面の標的は佐野宗綱・皆川広照であり、目標は確実に宇都宮と定められていた。

佐野・皆川領攻め

先に述べたが天正十三（一五八五）年初頭、下野国鹿沼の壬生義雄が北条氏政・氏直に帰属した。これによって北条氏政・氏直は壬生義雄への助勢を果たす義務が生じたことになる。その経路にあたる佐野宗綱・皆川広照は大きな障害となった。天正十三年および十四年の二年間、この両氏の攻略・帰属および壬生義雄への救援は北条氏政・氏直にとっては緊急度の高い政治的課題となっていた。

天正十三年四月、北条氏直は佐竹義宣・宇都宮国綱勢の壬生・鹿沼・羽生田の三ヵ城攻めに引き出されるように出陣し、このときに皆川攻めを敢行する。二十九日の時点で北条勢は佐野に陣したが、佐竹・宇都宮勢はすでに戦闘を終了し、軍勢を引き上げていた。両軍の行動はすれ違いとなった。皆川での衝突がなくなった北条氏直は五月六日に軍勢を佐野領に引き、六日、七日の両日にわたって農地を荒らしまわり、ダメージを与えた。その後、北条勢は小泉城まで陣を引いている。

この合戦後、北関東攻略に向けていくつかの布石が打たれた。六月、伊達政宗に宛て同盟を結びたい旨の申し入れがなされている。佐竹義重を南北から挟んで攻めることを意図した申し入れである。また、長尾顕長は北条氏政・氏直より課題とされていた佐野領攻略を本格的に動かしはじめた。詳細は後述するが、このときに佐野領の北西部の境にあたる上彦間《かみひこま》（栃木県佐野市飛駒《ひこま》）に城を構えたのである。

閏八月、北条氏直は皆川・佐野攻めを再度実施する。対応して佐竹義重も防戦のため再度出陣するが、このときも両勢の激突は回避された。北条氏直は皆川領を攻めた後、閏八月十五日頃は佐野に陣を置き、軍事行動を展開している。そして九月五日には榎本に一部の軍勢を残して、撤退する。

天正十三年の一連の侵攻において北条氏直は、佐野・皆川の両所とも攻め落とすことはできなかった。しかし北条氏直による攻勢は翌年まで続く。

宇都宮侵攻

天正十三（一五八五）年十二月十五日、北条氏直自身が出馬し、佐野・皆川を飛び越え、一気に宇都宮を攻めた。宇都宮在陣は十九日までの四日間であった。その戦乱で宇都宮は各所で戦災を被った。「大明神の御殿をはじめ、楼門・廻廊・日光堂・大聖堂・小寺山《こでらやま》・蓬萊《ほうらい》、そのほか興禅寺《こうぜんじ》・東勝寺《とうしょうじ》など一所残らず焼き払われた」とか、「宇都宮ならびに大明神をことごとく打ち破ってしまった」と書き留める記録もある。後者の記録では「ことごとく」の語で被害を強調している。宇都宮のシンボルである大神宮を中心に焼き払いが行われたのであるから、大きな戦災があったことは間違いない。北条氏政・氏直の手がとうとう宇都宮におよんだのである。周辺の動揺もさぞや大きかったに違いない。

これに対して、宇都宮国綱に味方する結城晴朝は「承った情報に拠れば、北条勢が宇都宮に出張したが、多気山城を新しく築城していたので、北条家は非常に攻め倦《あぐ》ねてしまった。贄木《にえぎ》表（栃木県鹿沼市楡木《にれぎ》）に数日在陣したが、宇都宮・多気山両地ともにさしたる行動がなく、去る十九日に宇都宮を引き払った」と先の記録の内容とは異なる状況を白川義親に伝えている。しかしこの連絡は宇都宮までも攻められたという脅威を少しでも減じるための配慮であり、味方の利を宣伝するためのものと思われる。実際には記録に留《とど》められる被害があったと考えるべきなのであろう。

宇都宮よりの帰途、北条勢は宇都宮と小山の中間である多功を攻め、二十日には結城も攻める気配を示したが、翌日には結城付近より撤退し、二十七日には小田原に帰還している。宇都宮から小田原まで九日間という行程だった。

この北条氏直の宇都宮侵攻よりわずか四ヵ月前、宇都宮国綱は宇都宮城を「維持できない」として多気山城を築いていた。今回の侵攻の際も攻められたと思われるが、多気山城の様子を記す史料はない。同城の被害実態は不明であるが、その後も存続していたことや、このときの宇都宮の被害を考えれば、宇都宮国綱の危機管理は堅実であったことになる。圧倒的な脅威に取り囲まれながらも、新しい拠点を構え、宇都宮家や地域を維持させた国綱の手腕を高く評価したい。

その後、北条氏直による宇都宮攻めは天正十六年まで続いた。天正十四年五月末から六月初頭にかけては多気山城下の大谷口で合戦が行われる。このときは太田道誉が配備した鉄砲が活躍した。

宇都宮の地もまさに「北条の夢」に届する寸前であった。

皆川広照の帰属

天正十四（一五八六）年五月初め、皆川広照もとうとう北条氏政・氏直に帰属する。天正十三年四月の皆川攻めが沼尻合戦後では初回であったことから、およそ一年間を費やしたことになる。

天正十四年三月末から四月にかけて、佐竹義重・宇都宮国綱は壬生を攻めた。この動きに対応するように北条氏直自身が下野国に出陣する。しかし、佐竹・宇都宮両軍は兵を引いてしまった。この事態を踏まえて北条氏直は佐野・皆川攻めを敢行する。四月三十日に佐野を攻めて五月二日には皆川を攻めるという経過で軍勢を進めた。五月十九日の段階ではすでに常陸国府中の大掾清幹が皆川広照の和睦を承知していることから、降伏は皆川攻め早々の五月初旬と思われる。五月十九日段階で大掾清幹が把握した状況は、北条氏直が「結城・宇都宮をうかがっており、北条勢の陣は富田《とみだ》の近所である」という戦況だった。富田（栃木県下都賀郡大平《おおひら》町）は太平山南麓の交通上の要地で、この地から東に向かえば小山を経て結城にいたる。また北へ向かえば皆川城東方を通過して、鹿沼もしくは宇都宮に続く地である。

江戸時代の軍記物である『北条記』『鎌倉九代記』などは「天正十三年四月下旬、長沼ノ皆川山城守ガ城ヲ御調儀ノタメ」と記して、沼尻の合戦を描写している。おそらくこのときの出陣と混同し、年代が混乱したためにできた叙述であったのだろう。また『皆川歴代記』『皆川正中録』など皆川家に関する江戸時代の記録でも、沼尻の合戦との混乱が見られるが、戦場の一箇所を太平山と記載している。この北条氏直の富田在陣が関連して、太平山を舞台として北条氏直と皆川広照の間で小規模な合戦があったのかもしれない。これらの江戸時代の記録は皆川城攻めを沼尻の合戦と混乱させ、北条氏直によるこのときの皆川攻めが長期にわたったと記しているが、実際には先に確認したように数日で決着した。大規模な戦闘があったかは不明であるが。

皆川広照の北条氏政・氏直への帰属は北関東の諸領主にとってはまた一つ不幸が増した思いであったろう。白川義親は皆川広照帰属の報を受け、秀吉家臣の増田長盛（一五四五〜一六一五）、石田三成（一五六〇〜一六〇〇）に宛てて出した書状の中で、「今の時期、手立てが遅れたならば、味方に参じた諸家・外様の滅亡はさほど時間を要しない」と悲痛を訴え、来る秋のうちに羽柴家が関東の問題に対処するように強く要請している。陸奥国南端の白川にあっても、北条氏政・氏直の脅威は響いていた。

一方、北条氏照は「皆川山城守が懇望してきたので、味方に引きつけた。いよいよ存分のようになった」と伊達政宗の重臣片倉景綱に書き送っている。短い文章ながら得意満面の様子がうかがえよう。そして、北条氏直は勢いに乗じて、宇都宮にまで攻め込み、大谷口で宇都宮国綱勢と合戦を行った。下野国南部は佐野を残し、北条氏政・氏直の勢力がほぼ制圧してしまった。

家康との連携

沼尻の合戦は天正十二（一五八四）年七月二十二日に和議となったが、その直後、西国ではまだ小牧・長久手の戦いが継続していた。そのため、沼尻の合戦直後には北条氏政・氏直が徳川家康への加勢を検討していたことは先に述べたとおりである。その後、織田信雄が単独で和睦を結んだため徳川家康は取り残されたかたちになったが、十一月下旬に羽柴秀吉は家康との交渉を開始する。家康は十二月十二日に次子於義丸《おぎまる》（のちの結城秀康）を人質として差し出し、戦争状態はとりあえず解消された。事態の動向はさておき、北条氏政・氏直から家康に向けて援軍を派遣することが具体的に検討されていたことは重要である。

対する家康も北条氏政・氏直との連携を重視したようで、違約と責められた上野国内の真田領問題に対処している。若神子の合戦にともなう協定で上野国内の真田領は北条氏政・氏直に属するとされていた。しかし真田昌幸がこれを不服として徳川を離れ、上杉景勝を頼り、天正十三年七月に関係を結び、依然として上野国内の所領の当知行を続けていた。同盟関係成立により上杉景勝は沼田・吾妻・小県《ちいさがた》郡の知行は真田昌幸の所領であると確認し、真田昌幸を援護する関係になっていた。

家康は離反した真田昌幸を攻めた。天正十三年閏八月二日、家臣の大久保忠世の軍勢が真田昌幸の籠もる信濃国上田城を包囲し、攻撃した。真田昌幸は応戦し、大久保勢を撃破して、一三〇〇余名を討ち捕らえた。この数字は結城晴朝のところへ届いた際には二〇〇〇人余に増えており、晴朝も「誠に心地好き次第」と喜んでいる。真田昌幸の勝利が各所に宣伝されたのである。徳川勢の攻撃は九月にまでいたったが、最終的には、利なく撤退となる。家康の敗戦であった。

西に羽柴秀吉、北に真田昌幸とそれを援護する上杉景勝という共通する敵を持った北条氏政・氏直と家康は、若神子の合戦の和睦の際に結んだ同盟をより強固にした。天正十三年十月に両家は交渉を行う。同月二十八日、家康に北条家から家老衆二〇人分の起請文が届いた。これに対応し家康からも傘下の国衆と重臣の起請文を北条氏政・氏直に遣わしている。誓約の内容は定かではないが、両家の同盟を強化するための手続きの起請文であることは間違いない。

翌二十九日には北条氏直が家康との同盟を強化した旨の条書を作成している。

一、遠州（徳川家康）と西国（羽柴秀吉）が、万が一に合戦となった場合には、当然のことながら、遠州に味方する。この旨改めて誓約を成した。このことの様子の詳細は陣中において申す。

一、明日にも万が一に遠州と西国の国境が合戦になったのならば、遠州からの連絡次第、時日を移さず加勢を遂行する。

「改めて誓約を成した」と明確に記しており、前日の起請文の交換がこの誓約に関連するものであることは間違いない。そして、その内容がこの箇条書きから対秀吉戦を意識した攻守同盟であったことも確認できる。一般に天正十三年および十四年初頭段階の秀吉・家康関係は相互の交渉で語られているが、家康は北条氏政・氏直との関係を確固とした上で臨んでいた。秀吉が相手にしていた実態は家康だけでなく、北条氏政・氏直も含まれていたことになる。

沼田城攻めと北条勢の限界

さて、大久保忠世による上田城攻めが行われた際、上野国内でも北条氏直による真田攻めが行われた。氏直の出陣は家康の依頼によってであった。氏直の出陣は沼田を目指したもので、即座に真田方の森下城（群馬県利根郡昭和村）を落とした。このことは九月八日付の書状に見えることから、八月末から九月初頭に攻め落としたと推測され、大久保忠世の出陣に遅れて氏直の出陣があったことになる。あるいは閏八月二日の敗戦を受けての挽回策、北条氏政・氏直勢の徳川家康援護策であったかもしれない。この後、北条氏直は沼田城下まで攻め入った。

氏直は「越後国境まで、在々所々において一宇残らず、沼田庄内は打ち散らして、開陣した」と述

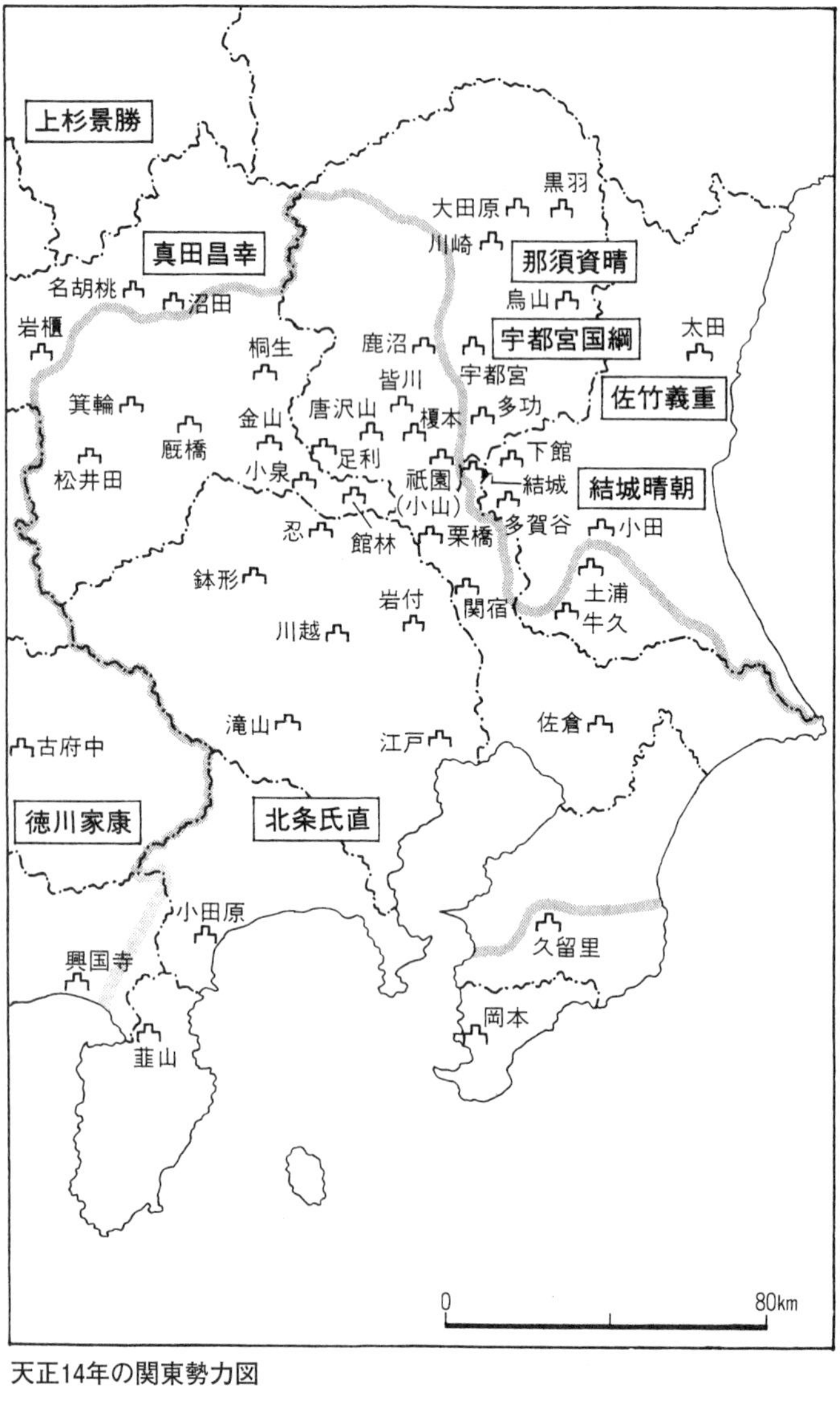

天正14年の関東勢力図

べている。攻め落とした森下城は片品川《かたしな》を隔てているが、沼田城までおよそ三キロの地点にあり、北条勢にとっては大収穫であった。この後、北条家は沼田城に向けて阿曽《あそ》の砦（同村糸井に比定）を取り立て、番を編成して沼田への拠点とした。

しかし、このときも沼田城を攻め落とすにはいたっていない。最終的に見ると、周知のように北条氏政・氏直は自力で沼田を確保することができず、このときの戦果が真田昌幸に対する限界となった。当時、下野方面に頻繁に出陣する北条氏政・氏直にとっては、沼田まで手が十分に回らなかったのだろう。

天正十三、十四年段階での北条氏政・氏直は、西方面では家康との縁を頼りとし、下野国方面に大きく領国を拡大させ、「北条の夢」を実現させようと邁進していた。同時に佐竹義重・宇都宮国綱の退潮も著しく、関東統一も間近と認識していたのではなかろうか。あたかも羽柴秀吉の存在を無視するかのように。その慢心に秀吉という大きな落とし穴ができつつあった。この落とし穴に天正十三、十四年当時の北条氏政・氏直は気づかなかったかのように思える。

3　羽柴秀吉の思惑

関東への思い

沼尻の合戦は現地では引き分け＝和平であったが、政治的には金山城・館林城の接収、新田領・館林領の編入という事態が続き、結果的には北条氏政・氏直が勝利を収めた観があった。しかし、合戦は小牧・長久手の戦いと連動していた。したがって中央政治史のレベルで沼尻の合戦を見直してみる必要がある。羽柴秀吉がどのように認識していたかである。すると、中央の次元では必ずしも北条氏政・氏直に形勢優位ではなかったことに気づく。

天正十二（一五八四）年十二月二十日、秀吉は佐野宗綱に書状を出す。佐野宗綱といえば、由良国繁・長尾顕長に翻意の工作をし、沼尻の合戦を引き起こした人物である。沼尻の合戦が終結後、おそらく自身が働きかけた翻意の作戦が失敗したことを悔やんだであろう。そして北関東に対する北条氏政・氏直の圧力がより厳しくなったことを身をもって感じていたに違いない。秀吉の書状もこのような危機を感じた佐野宗綱からの働きかけがあって、返書されたものに相違ない。

書状の中で、「家康ことは、いかようとも、天下次第に任せますと、懇望した。そこで家康ならびに相州氏直に人質を出し置かせた。こちらは、先に申し遣わした筋目を、有り来たりのように申し付けた。もし相違するのであるならば、明春早々に出馬して、誅伐《ちゆうばつ》を加える」と述べている。北条氏直が秀吉に人質を出した事実は確認できないが、徳川家康は次男於義丸（のちの結城秀康）を差し出している。確認しておきたいことは秀吉が家康と同一線上に北条氏直を見据えており、小牧・長久手の戦いと沼尻の合戦を同一次元で考えていることである。つまり、北条氏直も誅伐の対象であったことになる。そして誅伐は、来春早々、すなわち天正十三年正月がその時期と定められていた。

秀吉が小牧・長久手の戦いと沼尻の合戦を同一次元で考えていたことは、沼尻の合戦最中に出された滝川一益の書状にも見られた。佐竹義重に対して「徳川家康をこの度討ち果たすことはもはや眼前である。その上、早速に相模国へ馬を寄せる手筈となっている」と申し送っている。つまり沼尻の合戦の段階で、秀吉は北条氏政・氏直を明確に敵と位置づけていた。このことが秀吉の北条氏政・氏直に対する基本的な立場であった。

しかし秀吉は北条対策以前に家康との交渉が難渋をきわめ、この文意のとおりに事態を進められなかった。この間に由良国繁・長尾顕長の問題が進展したのはすでに触れたとおりである。事態の悪化に佐竹義重・宇都宮国綱・佐野宗綱らは天正十三年正月二十一日付で書状を出す。日付から明らかに遅れていた出馬の催促であろう。

この書状を受理した秀吉は三月十七日に返書を出すが、具体的対応としてはやや直接介入を避けている。「氏直が計策をもって新田・館林両地を受け取り、今にその地に居陣とのこと。そのために佐竹義重が近日に出馬するとのこと。落ち度がないように、各《おのおの》が相談することが肝要である。氏直は家康に同意しておるので、我々が京都から助言して、無事に取り扱う」と述べている。東国での自力解決を期待している。この時期、秀吉の矛先は、小牧・長久手の戦いの戦後処理で畿内近国の対応に追われていた。根来《ねごろ》・雑賀《さいか》一揆の制圧や四国・北国問題の対応である。したがって関東の問題は先送りされていた。

しかし、政治的立場は前年十二月段階と変わらず、北条氏政・氏直は家康の延長線上に見なされていた。関東という地域の紛争も、京都の立場で裁くという視点を取っている。佐竹義重・宇都宮国綱・佐野宗綱などの三者の期待に応えての位置づけではあるが、事態はやはり関東のみでとどまっていない。

北関東での優位を争った沼尻の合戦は、終わってみるとなぜか戦後処理の舞台は京都で、その当事者は秀吉となっていたのである。関東で勝利を収めた北条氏政・氏直には一転して窮地が用意されていたことになる。あるいはこのことは北条氏政・氏直にとっては承知のことだったかもしれない。家康への加勢を準備していたのは、そのことを暗示する。

「富士山一見」

「富士山を一見したい。その折に会いたい」

秀吉がこのように言い出した。このことを報じた天正十三（一五八五）年六月十五日付書状の宛先は、宇都宮国綱、結城晴朝家臣の水谷正村。遅れて十八日には佐竹義重にも送られている。さらに一ヵ月余経た八月一日には太田道誉に宛てた。受け取った各氏は天正十二年以来の約束である関東出陣を意識したに違いない。

通説ではこの「富士山一見」は徳川討伐を示すとされている。確かに秀吉と家康の関係は不安定なままであり、小牧・長久手の戦い後も危機的な時期があった。最終的に家康が秀吉に臣従したのは天正十四年十月二十七日である。そのためにこの「富士山一見」は徳川討伐を示すと考えられていた。「富士山一見」でまず思い出されるのは足利義教（一三九四～一四四一）である。永享四（一四三二）年九月、将軍足利義教は富士山見物と称して駿河国に下った。行動は富士山遊覧だけにとどまったが、背景には鎌倉公方足利持氏（一三九八～一四三九）との緊張関係があった。下向に際して、将軍義教が鎌倉公方持氏を討つためとの雑説があった。京都・関東関係の宥和に奔走する関東管領上杉憲実（一四一〇～六六）は延期を申し入れている。足利義教の富士遊覧は関東への威圧が主たる目的で行われたのだった。

秀吉の「富士山一見」はこの先例を踏まえているとみてよいだろう。つまり、関東の北条氏政・氏直を意識しての言葉遣いではなかろうか。

最初の宇都宮国綱・水谷正村宛の書状から十日後の六月二十五日、秀吉は佐々成政討伐に向かう途次、上杉景勝に書状を出して、「面会して小田原軍慮のことについて、申し述べたい。前田利家と申し合わせて関東越山について内談するように」と書き送っている。明らかに「富士山一見」は北条氏政・氏直を意識しての言葉遣いだった。

宇都宮国綱・水谷正村・佐竹義重宛の書状の中で、秀吉は「連年富士山一見を望んでいた」と述べている。北条氏政・氏直を家康の延長線上に位置づけ、誅伐すると述べていた、沼尻の合戦以来の政治方針を指しているのであろう。懸案であった小田原攻めが政治日程にのぼったのである。

この秀吉の意志は実際に行動に移された。天正十三年九月五日、北条氏直の攻撃に晒されていた皆川広照は上杉景勝に対して、北条氏直を撃退したと連絡しつつ、「来春は義重・国綱と申し合わされて上野国にまで御出馬致してください。お約束ですので、その時節になりましたら、早くの御越山を念願申し上げます」と依頼している。天正十四年春の越山が期待されていた。謙信の越山の事例に照らして、降雪前に関東へ越山し、融雪時に越後国へ戻るという行動を期待していたのであろうか。天正十四年五月初めに北条氏政・氏直に屈することになる皆川広照にしてみれば、この懇願は最後の頼みの綱であったかもしれない。この当時、上杉景勝は下越地方で反旗を掲げていた新発田重家《しばたしげいえ》（?〜一五八七）の問題や信濃国に課題を抱えていた。そのため関東に積極的に関与する姿勢を示したと考えるのは難しい。しかし、明らかに約束と書き記されている。上杉景勝から出陣するとの表明があったことは間違いない。とするならば、六月の秀吉の指示があってのことと考えるのが妥当であろう。

この予定はしばらくは堅持されたようで、秀吉は十一月二十二日付で安房国の里見義頼《さとみよしより》（?〜一五八七）に「来春は富士山見物である」と報じている。

また十一月六日には滝川一益が梶原政景に小田原攻めの実施を予告している。「寒天に向かいますが、小田原追討に出馬しますので、ご安心ください」と冬場での合戦を予告し、「西国・南方・北国ともすべて問題がないので、御出馬は疑いありません。状況については関東に下る道中より申し入れます」と書き添えている。滝川一益も北条氏政・氏直への恨みは深かったはずである。

時期が具体的に、天正十四年春のいつであると明示されて計画が進んでいたかどうかは、定かではない。しかし後述するように年明け早々に具体的な行動はあった。天正十三年の時点で秀吉の指示により、上杉景勝・宇都宮国綱・佐竹義重が申し合わせた北条誅伐は間違いなく構想されていた。そして、この計画は小田原にいた北条氏政、宇都宮攻めの最中であった北条氏直の耳にも達していた。情報を受け、氏直不在の小田原ではかなり慌てたらしい。その狼狽した様子は常陸国の佐竹義重のもとにも伝わっている。

東国出馬の発令

天正十四（一五八六）年正月十八日、秀吉の東国出馬の直書《じきしょ》が発せられた。その一通は上杉景勝のもとに届けられている。それに先立つ正月九日に、秀吉は具体的な指示を上杉景勝に発している。その内容は出陣日程であった。先発隊は今月中、自身は二月十日頃に出陣。上杉景勝は二月中旬に信濃国に出馬するようにと。

発令十日後、京都では慌ただしさが増していた。東国出陣があるというので、その準備が急がれていたのである。大名も用意のために大坂に下っているという。出陣は間近だった。

この東国出馬がいつの時点か不明であるが、中止となってしまう。二月一日に秀吉の朱印状が発せられているので、あるいはこれが中止命令だったかもしれない。理由は徳川家康との和睦交渉である。天正十四年正月段階での東国出馬は北条氏政・氏直だけが目標ではなく、徳川家康の問題も含まれていた。北条・徳川連合軍を包囲する計画だった。

合戦勃発を目前にして、他方で交渉も継続していた。正月二十七日、織田信雄自身が三河国岡崎に赴いて徳川家康を説得する。おそらくこれが功を奏したのであろう。最終的には二月八日に家康は和議を秀吉に申し入れている。秀吉出陣予定日の二日前だったことになる。東国出馬は仕切り直しとなった。

この中止を聞き、北関東の諸領主は焦ったに違いない。三月十四日、太田道誉は「氏直一類御追伐に極まります」と誅伐を訴えている。佐野宗綱の叔父天徳寺宝衍は自ら京都に上り、北条誅伐を要請している。彼らにしてみれば「家康は赦免でも、北条家は誅伐を」との思いだったのであろう。

その後、秀吉の「富士山一見」は再度計画される。

天正十四年四月十九日、東西で二通の文書が作成された。一通は宇都宮国綱が上杉景勝に宛てて出したもので、実際に上杉景勝に届けられた。「よって関東越山の儀を承りました。願ってもないこととはこのことです。佐竹義重外《ほか》一味中で相談してお手合わせ致します」と冒頭に記している。上杉景勝から越山の連絡があったことの返事である。北条誅伐が再度、政治日程にのぼったことを伝えたのであろう。

いま一通は佐竹義重に宛てた秀吉の書状である。伊達政宗と蘆名亀王丸との紛争調停に乗り出すよう命じつつ、文末に「即座に富士を一見するので、委曲はそのときに」と書いている。再度、「富士山一見」は予定されていたのである。

しかし、この段階で意図していた「富士山一見」も実施されなかった。九州征伐が優先されたのである。秀吉の北条誅伐はまたしても延期となった。実は四月十九日付の秀吉書状は、「上杉家文書」のうちの一通である。あるいは実際には佐竹義重のもとには届けられず、何らかの事情で上杉家のもとに留められたものかもしれない。そのようであるならば、その事情とは北条誅伐の延期決定ではなかろうか。

度重なる「富士山一見」延期

天正十四（一五八六）年五月、上杉景勝が上洛し、秀吉への帰属を明確にした。この時期、徳川家康の帰属をめぐって交渉が続いていた。景勝上洛時は家康との合戦が回避される方向に動いていた時期であった。上杉景勝は北条氏政・氏直の問題についても秀吉に提起し、「もし北条家が異儀におよんだ場合、討ち果たす」との確約を得る。さらに「その際にはもちろん越山して、申し合わせて北条退治をする」と申告して、帰国した。景勝は会談の結果を太田道誉に申し送り、佐竹義重ほかへの調整を依頼し、かつ反北条勢からの一致した返答を要請している。しかしこの段階ではまだ「富士山一見」の時期は明確化されていない。

同年七月二十七日、白川義親は豊臣家の増田長盛・石田三成宛に書状を出す。皆川広照が北条氏政・氏直に帰属した後であり、「今の時期、手立てが遅れたならば、味方に参じた諸家・外様の滅亡はさほどの時間を要しない」と訴え、来る秋のうちに秀吉が関東の問題に対処するように強く要請している。度重なる「富士山一見」の延期に対する不満が背後にあるのであろう。

その後、今一度、徳川・北条攻めが具体的に計画された。家康の上洛が遅れていた天正十四年秋頃、秀吉自身が三河国境目に出陣し、北国衆そのほかを羽柴秀長（?～一五九一）に付けて関東出陣することが決定された。この出陣計画は上杉景勝には伝達されていた可能性はある。しかし、家康の上洛が実現し、このときも十月末の段階で出陣が回避された。

天正十四年十月にいたるまで、延期が重なりつつも何度か徳川・北条を誅伐する計画は立案されていた。秀吉の脳裏には政治的中心課題であった徳川家康問題を正面に置きつつも、間違いなく北条誅伐があった。天正十二年の小牧・長久手の戦いのとき以来、秀吉は北条氏政・氏直を敵対者と見なしていることは変わりなかった。

注目しておかねばならないのはこの天正十三、十四年段階での政治情勢の判断である。秀吉は中央

の論理で北条氏政・氏直に対していた。自身に対する敵の誅伐が大きなテーマであろう。この考えに同調するのが佐竹義重・宇都宮国綱などの北関東の諸領主である。彼らはもはや選択の余地は秀吉による北条誅伐しかないというほどに追いつめられていた。北条氏政・氏直に対する軍事的な劣勢は明らかと言わねばならない。秀吉の介入がなければ存続は危ぶまれていたのである。

これに対して、北条氏政・氏直は異なった認識を示していた。「北条の夢」の追求である。下野方面の情勢は夢を現実化させていた。しかし、秀吉の存在には重きを置いていなかったかのようである。東国の国主となるという「北条の夢」の追求と実現。北条氏政・氏直の重点はこの課題のままだったように思える。

中央の認識との相違が生まれた。政治情勢の読み誤りがこの時代に生まれている。

関東上杉領国構想

天正十四（一五八六）年にいたる豊臣家の関東問題には、上杉景勝が重要な位置を占めていたことが以上から理解されよう。沼尻の合戦以来、上杉景勝は関東の諸将と連絡を取り合っていた。真田昌幸はもちろんであるが、佐野宗綱・皆川広照・宇都宮国綱・佐竹義重など北関東の諸領主である。上杉謙信以来のつきあいが生かされていたのであるが、景勝は北関東と京都を繋ぐ重要な役割も担っていた。天正十七年三月の段階でも宇都宮国綱は上杉景勝を通して石田三成に接触しており、この関係は天正十八年まで続いた。しかし、天正十年代に上杉景勝が北条氏政・氏直と秀吉の橋渡しを行った実績はない。それだけでなく上杉景勝と北条氏政・氏直が通交した形跡もない。すなわち上杉景勝は関東の政治情勢については、つねに反北条の立場を貫いていた。

天正十四年九月、上杉景勝は秀吉から関東・伊達・会津の取次役を命じられる。諸方面と豊臣家を文字通り繋ぐ役割である。この直後に徳川家康が関東の取次となることから、景勝の立場については解任されたなどと研究の上で議論があった。しかし、上杉景勝・徳川家康の実績から考えて、当初は関東取次は従来からの関係に基づいて棲《す》み分けされていたと思われる。概括的には北条氏政・氏直の取次としての徳川家康、北関東諸領主の取次役としての上杉景勝である。それぞれの能力に応じた配役が割り当てられていたのであろう。

北条氏政の上洛を直前に予定していた天正十七年十一月十一日、豊臣家では水面下で小田原攻めの準備がなされていた。その一端を当時京都にいた佐野宗綱の叔父天徳寺宝衍が聞きおよんだ。「もし今月中に上洛がなければ、来月二十日には御陣触をする」と、去四月に関白が愚拙に仰せ出された。昨十日にも「北条家の上洛がなければ必ず御出馬する」と直接に仰せ聞かされた。「八州が御静謐の上は、かの表の者共の過半を景勝に付ける」と、このことも自分に対して仰せ出された。この内容は富田知信《とみたとものぶ》・津田信勝《つだのぶかつ》・施薬院全宗《やくいんぜんそう》も聞きおよんでいる。自分は「(関白の)旗本に召されて、京都に差し置かれ、関東のことについて御談合するように」との上意である。天徳寺宝衍はこのように政治構想を聞き、その内容を上杉景勝家臣の木戸元斎《きどげんさい》(生没年未詳)に伝えた。

関東の統治構想が語られている。富田知信（?～一五九九）・津田信勝（?～一五九三）・施薬院全宗（一五二六～九九）はいずれも秀吉に仕える吏僚である。この段階ではまだ北条家の存続が前提であったのかもしれない。しかし関東の過半を上杉景勝に付けて景勝を関東統治の中心的な人物にすると想定されている。関東管領山内上杉家の系譜を引く上杉景勝が関東にふさわしいと考えられたかもしれない。また北関東の諸領主との関係・実績が関白豊臣秀吉に意識されていた可能性は高い。天正十年代の上杉景勝は関東の政治情勢に否《いや》が応でも関係せざるを得なかった。

実際にはこの施策は実施されなかった。天徳寺宝衍も旗本で在京ではなく、佐野家当主となって下野国佐野に下った。そのときには徳川家康の監視役の役割を担わされている。関東に入部するのは、上杉景勝か徳川家康か。この選択の相違はのちの時代に大きな変化をもたらしたかもしれない。

第7章　秀吉による東国の戦後処理

1　佐野領の北条領国化

長尾顕長の赦免

正月十一日、北条氏直が長尾顕長に一通の書状を出している。

書状披見しました。書状にもありましたように、昨日は心静かに対面でき、満足しております。どのようなことも重ねて申し届けます。詳しくはありませんが。恐々謹言。

簡潔な書状であるが、いかにも意味深長だ。書状によれば、北条氏直と長尾顕長が正月十日に面会した。このときの対面を双方ともに心静かに行えたことを喜んでいるという内容となる。それ以外は後日となっており、何も語っていない。対面にはよほどの事情があったことが推測される。この書状は天正十三（一五八五）年に出されたものと考えられている。

話題は沼尻の合戦直後の時点に遡る。小田原を天正十二年十二月十五日に出立することになっていた北条氏直は、正月四日の段階で数日後に利根川の渡河が予定されていた。途中、武蔵国内で正月儀礼を行っていたのであろうか。ゆっくりとした行程で館林を目指している。四日の数日後に渡河をして館林に到着とすれば、正月十日は到着直後となる。天正十二年十二月末に館林城を北条氏照へ引き渡した敗軍の将長尾顕長が、十日に勝者北条氏直に面会したという推測である。

勝者とはいえども、自らに背き、一年あまりにわたって抵抗し、沼尻の合戦を引き起こした敗者をどのように見たであろうか。敗者にしても、政情複雑な北関東の地で、自らを窮地に追い込んだ勝者を、どのような思いで見たであろうか。複雑な面持ちで両者は対面したのであろう。書状はその様子を語るかのように言葉少ない。おそらく沈黙の中で対面は行われたのであろう。

赦免された長尾顕長は早くも正月十四日には北条氏政・氏直の家臣として上野国赤岩《あかいわ》で利根川の渡船に関する規制を命じられ、その職務に携わっている。命令書の中には「御大途《たいと》（北条当主）の御印判がないならば、一切、停止する」と記載され、顕長の置かれた立場は明らかである。

二月五日以前には、由良国繁と長尾顕長兄弟の処分は決定された。その風聞は宇都宮国綱のもとにも伝わっている。決定された内容は、両者ともにそれぞれの城に帰り、その後、両城を北条氏政・氏直へ明け渡すというものだった。受け取り後に北条家が両城ともに修築し、数日のうちに完成予定となっていた。

由良国繁と長尾顕長の処遇については、三月の段階ではまだ未定であったらしい。皆川広照は以前よりの徳川家康との繋がりを生かして、北条氏政・氏直への取り成しを要請している。最終的にはそれぞれ所領の多くを没収され、由良国繁については桐生城（群馬県桐生市）、長尾顕長については足利城に入ることとなる。

さて、この足利城であるが、館林城入城以前は長尾顕長の拠点であった山城で、足利の鑁阿寺《ばんなじ》の北西の山頂に築かれていた。長尾顕長の足利城から東方十数キロの地点に佐野宗綱の唐沢山城《からさわやま》（佐野市）があった。佐野宗綱と指呼の間に居を構えさせられたのである。

佐野領との境目というこの地にあって、鑁阿寺もさまざまな苦労があったらしい。古河公方家家臣の芳春院松嶺に「唯今この地は佐野との境目にあたるため、万端につき苦労がある」とこぼしている。これに対して、松嶺は長尾顕長に相談し、そして北条氏照に直談するように助言している。佐野領と接し、さまざまな影響がある地が足利だった。

北条氏政・氏直が長尾顕長を足利に入れた目的は、まさにこの点にあったらしい。北条氏政・氏直の天正十三、十四年に取り組んでいた政治課題は下野国攻略であり、とりわけ佐野・皆川攻略は重点対象だった。その先鋒を担わせるという使命を長尾顕長に課したのだった。

七月七日、長尾顕長は上彦間（佐野市飛駒）に拠点を構え、佐野宗綱を攻めるようにと近隣の領主に要請をする。この上彦間を拠点と定めた点については、長尾顕長から北条氏政・氏直に事前に相談があり、その了解の上で実行された。北条氏直が佐野唐沢山城の南方から攻め懸かるのに加えて、北西面から長尾顕長が圧力を加える作戦であった。

この間の事情について、のちに膳所藩主石川忠総は明確に書き留めている。由良国繁・長尾顕長赦免に際しては「殊に長尾は佐野の近辺にあるので、佐野を伐《き》り取るようにと北条氏政から仰せ付けられた」とし、これを受け「顕長は佐野を伐り取る心積もりで家老共に言い聞かせた。『佐野を伐り取ることは、各の鑓先《やりさき》にあることなので、粉骨をつくしなさい』と申されたので、各の勇ましいことは限りなかった。そこで閑馬《かんま》（佐野市）と彦間というところに二つの付城《つけじろ》を拵《こしら》え置いて夜攻めにした」と記している。北条氏政の策としてこのような交渉があったとしているが、事実関係は定かではない。しかし、彦間に付城が構えられたのは先の七月七日付の長尾顕長の要請と符合し、全体的な状況も合致している。長尾赦免の条件に佐野の伐り取りがあったとする点は、簡単には否定できない。あるいは正月十日の北条氏直と長尾顕長の対面の中で、このことは話し合われたのかもしれない。

北条氏照の藤岡入城

沼尻合戦の戦後処理のため、北条氏照は天正十二（一五八四）年十二月に藤岡城（栃木県下都賀郡藤岡町）に入城した。この後、北条氏照と藤岡城が関わる史料が散見する。

北条氏照は天正十三年四月三十日付で、古河から荷物を藤岡に送るため、生井郷《なまい》（栃木県小山市上生井・下生井）の大橋氏に伝馬三疋を手配するように命じている。また三月十九日付では、足利近辺（あるいは佐野市免鳥町《めんどり》）の領主である浅羽尾張守《あさばおわりのかみ》に対して「藤岡表の外張《とばり》まで指し越すように」と命じている。藤岡城に在城し、活躍する氏照の姿を確認することができよう。

浅羽尾張守宛の書状には「境目の仕置き・用所について申し合わせたい」と書いている。浅羽氏は佐野に近い地の領主であり、藤岡も佐野の間近である。境目が問題になるので、この書状は佐野領が反北条の時点でのものとなる。藤岡城は北条氏照の拠点として活用されたことは間違いないが、重要な支城としては知られていない。限定的な時期の拠点であったのだろう。

藤岡城は地理的に佐野に近いことから、境目の文言にも示されるように佐野氏の居城である唐沢山城に対する拠点としての意味を持っていた。佐野氏が帰属した後は、佐野家に北条氏忠が迎えられ、唐沢山城が下野国南部の拠点となる。佐野が北条領となれば藤岡城の役割は政治的には減ずる。したがって藤岡城に対する氏照の関与もなくなったと考えられる。入城したのは天正十二年十二月であるから、それ以後遅くとも天正十四年八月頃までの使用と考えられる。

沼尻の合戦後、佐野宗綱は北西部から長尾顕長に攻められ、南東部に氏照の藤岡城を控える。さらに、北条氏政・氏直に接収された金山城・館林城が南面を固めて包囲する。加えてしばしば小田原から北条氏直の軍勢を迎えた。このような厳しい状況に見舞われていた。北条氏直は次第に下野国内部に戦線を深めており、佐野は離れ小島のごとく取り残されるようになっていた。孤立無援のなか、佐野宗綱は秀吉の救援を期待して、窮状を堪えていたに違いない。

佐野宗綱の横死

天正十三（一五八五）年十月、北条勢が佐野を攻めた。このときは宇都宮国綱が救援に赴き、佐野近くの富田（栃木県下都賀郡大平町）に陣を敷いた。その効果あってか、十九日に北条勢は新田領へと退いた。佐野宗綱は国綱に感謝の書状を送っている。書状には感謝の念にとどまらず宗綱の悲痛の叫びも込められているようである。

十二月末に佐野宗綱は長尾顕長が構えた彦間城を攻めるために出陣した。これが最後の出陣となり、天正十四年元旦に彦間の地で長尾顕長配下の豊島彦七郎に討たれてしまう。この顚末は年次などに異同をともないながらも諸書に記されている。

三月二十七日、長尾顕長は豊島彦七郎に対して、佐貫《さぬき》庄須賀《すが》郷内三〇〇〇疋の地（群馬県邑楽郡明和村）を宛行い、その功に報いている。佐野包囲網は各方向にめぐらされていたが、そのなかで唯一、北口を任されていた自分のところで目的を達せたことを、長尾顕長はどのように思ったであろうか。そのことはこの宛行い以上にうかがい知ることはできないが、北条氏政・氏直からの評価は上がると予想していたことは間違いなかろう。

主を失った佐野家はどうなったのであろうか。実はその後も北条氏直による佐野攻めが行われている。四月には皆川攻めに先立って佐野攻めが行われている。この直後の皆川攻めで皆川広照も北条氏政・氏直に屈したのはすでに見たとおりである。

佐野家は、結果的に北条氏政の弟氏忠を迎える。十一月十日に氏忠は佐野家の家臣に人質に差し出しを求めている。おそらく氏忠の佐野入部はこの頃であったろう。

佐野家の分裂

天正十四（一五八六）年元旦に佐野宗綱が戦死して、十一月頃に北条氏忠が入部する。およそ一一ヵ月間、佐野家当主は不在だったことになる。この期間はどのように考えればよいだろうか。

佐野宗綱の死後、佐野家では対立が起きていた。宗綱の叔父天徳寺宝衍らは佐竹義重の子息を養子として迎えようとしていた。これに対して大貫《おおぬき》・竹沢・津布久《つぶく》氏らの家臣は北条家から養子を迎えようとしており、宗綱没後をめぐって、佐竹派と北条派で暗闘があった。

続群書類従本「佐野系図」には天徳寺の箇所に「宗綱討死の後、佐野家人等が天徳寺をもって家督に立て、将として合戦する」という記事を載せる。天徳寺は血縁者であることから、佐野家の継承者として取り立てられたのかもしれない。しかし、血縁者といえども若くはなく、子息もなかったことから、養子問題は当然議論されたであろう。

検討を必要とする書状ではあるが、北条氏政・氏直の画策を示唆する史料がある。八月二十二日に北条氏政・氏直が計策をめぐらし、唐沢山城を乗っ取ったとする徳川家康書状である。空位の期間の中間に位置し、十一月に北条氏忠が入部するとしたとき、事態が北条派に好転したとするにはよい時期である。あるいは何らかの事件があったことは想定されよう。

また、秀吉の関与もあった。五月二十五日、朱印状で「佐野のことについては、異儀がないことは、尤《もっと》もである。万が一の時は入魂《じっこん》が専一《せんいつ》である」と述べている。この朱印状には増田長盛・石田三成連署の副状《そえじょう》が付けられ、「佐野の儀について、御書《ごしょ》がなされた。彼家《かの》中が別儀ないこと、尤もに思《おぼ》し召され、いよいよの御入魂が簡要である、と仰せ出された」と記載されている。これらの文書は塩谷義《しおやよし》綱《つな》・白川義親宛に出されたものが伝えられている。

この内容の詳細については関東停戦令とあわせて後で述べたいが、関白秀吉が佐野家相続に関与していた事実を確認できる。そして、その結論は家中が一致したものだと申告されていたこともうかがえる。いかなる結論だったのだろうか。書状を北関東の諸領主に伝達した使者が佐野家中で佐竹派であった山上道牛《やまがみどうぎゅう》であった。おそらく、佐野家の結論を京都に報告し、承認を得た上で、秀吉御書を携えて使者を務めたのだろう。五月二十五日に京都発であるならば、四月に敢行された北条氏直による佐野攻めは、佐野家自身が結論を出した時期にほど近い。佐野攻めに政治的圧力の意味が込められていたことは間違いなさそうである。

山上道牛が使者であったことから、佐竹派が勝利していたことが考えられる。それゆえに八月の北条氏政・氏直による巻き返しの乗っ取り計策だったのだろうか。結果は北条氏忠の入城。北条派の勝利であった。秀吉の認証と異なった結果であった場合、のちの政治問題になっていてもよさそうであるが、問題とされた形跡はない。それでは北条氏忠が継承という結論で秀吉に報告されていたのであろうか。報告の内容は不明である。

宗綱戦没後の一一ヵ月間、佐野家内では佐竹義重や北条氏政・氏直、さらに秀吉までをも巻き込んで、さまざまな動きがあったことは間違いない。しかし結果として残ったのは佐野領の北条領国への接収ということだった。「北条の夢」がまた一歩前進した。

天徳寺宝衍

滝川一益の関東入国以来、天徳寺宝衍についてはすでに何度も触れてきた。佐野宗綱の叔父であり、宗綱の後見役でもあった人物である。宗綱没後、この宝衍は佐野家内の暗闘に敗れてしまった。そして佐野を去り、京都に上り、豊臣秀吉に仕えていた。天正十八（一五九〇）年の小田原合戦にいたるまで、北関東の諸領主と京都を繋ぐパイプ役を担って名を残している。

この時期の天徳寺宝衍に会った人物がいる。当時、京都にいたポルトガル人宣教師ルイス・フロイス（一五三二〜九七）である。

司祭が滞在していた例の寺院へ、天徳寺と称する坂東の一人の貴人が三、四度、司祭を訪ねて来た。彼は思慮分別のある人物で、今なお繁栄している坂東随一の大学、足利（学校）の第一人者であった。知識欲が旺盛なために、ヨーロッパの諸事ならびに我らの教えについて質問し、その答えのすべてに対して満足の意を表した。彼はこう言った。「私は数年前、ある戦いに敗れて流《る》謫《たく》の身となったが、関白殿の御好意により、今回旧職に復帰できることを期待している。私の復職が実現した後、御身らが宿泊できるよう責任をもって私の寺院を提供し、御身らの教えが弘まるよう、私としてできるだけの援助をしよう。私は御身らの教えは、正しく聖なるものと信じている」と。彼は喜んで教えを聞く一方、種々の問題点を質《ただ》す必要があった司祭たちの許へ熱心に足を運び、副管区長師に対しては大いなる敬意と恭順の意を表した。（『完訳フロイス日本史4』）

天正十五年に宣教師ルイス・フロイスは京都で天徳寺という人物に面会していた。注目したいのは、

①数年前にある戦いに敗れ、流謫の身となったこと
②京都にやってきて、秀吉に庇護されていること
③復職を期待していること
④足利学校に深い関係を持っていること
⑤キリスト教に関心を持っていること

である。坂東出身で天徳寺という名前、①②の政治情勢、④に示されるような足利学校に関係しうる可能性などから、この人物が天徳寺宝衍であることは間違いない。この中で①は関東を去った原因であったことから、まさに佐野家の家督をめぐる派閥抗争に敗れたことを示唆しよう。北条氏忠を迎えることを拒否した天徳寺宝衍は、佐野家を去り、③にあるように佐野家復帰を秀吉に願っていたのだった。

また天徳寺宝衍は、足利学校で学んでいたことがここに明らかになる。学識豊かな人物に司祭たちには映っていたようだ。

それにしても、反北条の立場を明確にし、佐野復帰を願う天徳寺宝衍が秀吉の近くに信頼を得て伺

候していたのである。北条氏政・氏直にとっては随分と分の悪い話である。

2　徳川家康の立場

沼津会見

天正十四（一五八六）年二月八日、徳川家康は羽柴秀吉に和議を申し入れた。しかし、この直後には家康の上洛はない。上洛の実現は同年十月二十七日のことだった。この間、両者の関係は平穏無事に過ぎたわけではなさそうである。

秀吉は家康の上洛が遅いことに対して、軍事的圧力をかけた。秀吉自身が三河国境目に出陣し、北国衆そのほかの軍勢を羽柴秀長に付けて関東へ出陣することを計画していた。「富士山一見」の計画である。しかし家康上洛が実行に移された段階、おそらく十月頃に出馬は回避された。秀吉は二月段階の和議を決定事項として捉えていなかったことは明らかであろう。

このことは家康についても同じであった。秀吉に和議を申し入れた直後、家康は北条氏政に面会を申し入れている。その主題は「上方方面の防備について」であった。秀吉と和議はしたものの上方方面への警戒を怠らず、同盟国と今後を協議する。面会のことは二月二十五日付の北条氏政の書状に見えていることから、秀吉への和議申し入れ直後に、打診された。

会談は三月八日から十一日まで沼津で行われた。到着に際して、氏政からの家康への挨拶の品は、鯛・白鳥・菱喰《ひしくい》の樽、太刀、大鷹。家康に同行した酒井忠次（一五二七〜九六）・榊原康政（一五四八〜一六〇六）らにも贈られている。北条勢は全体で鷹五〇居《すえ》・馬六〇疋を用意したが、すべて贈っている。他方、日程終了後に家康が氏政に贈った品々は虎皮、豹虎皮・春物褶・猩々皮・太刀・唐櫃入りの笄《こうがい》で、同席した北条家臣の伊勢貞運《いせさだかず》・垪和氏続《はがうじつぐ》・山角定勝《やまかくさだかつ》・垪和康忠《はがやすただ》等にも贈られている。鷹や馬に象徴される、いかにも東国的な北条側の贈答品に対して、徳川側は虎皮などの貿易品を中心とする畿内的な返礼品であった。お互いを意識した品々である。大名の面会とは実に物入りだ。双方ともに政治的危機感を抱きながらも、ともに堅実に儀礼を行う。あまり見えることのない戦国大名の一面を確実に物語っている。

御振舞には北条側が北条氏政・伊勢貞運・垪和氏続、徳川側は徳川家康・酒井忠次・榊原康政が列座した。この場では猿楽が演じられている。

続く酒宴では氏政と家康が交互に能を舞い、そして一緒にも舞った。同席した酒井忠次は「羽衣舞」と「海老すくい川の舞」と題する舞の名手であったため、何度も所望があったという。実ににぎやかな席であったようで、「このような双方の面会は、一〇〇年以来なかった」とさまざまな人が唱えたという。危機感を漂わせない、実に楽しそうな風景である。

この会談の帰路であろうか、家康は三枚橋において伊豆国韮山城主北条氏規ほかに「兵事米」一万俵を、北条家との連絡役である家臣朝比奈泰勝に一〇〇〇俵を与えている。戦準備のことも忘れていなかった。

同盟の強化

一見、和やかに進んだこの会談では、いかなる目的で何が話し合われたのであろうか。日程から考えて、秀吉への和議申し入れの直後であることから、北条氏政・氏直に疑心を持たれないようにすること、続いて同盟関係の維持を確認し、政治情勢について共通認識を持つことなどが目的であったろう。

そして、共通認識を踏まえ、今後はどのように対処するかという課題を話し合ったと思われる。その際の前提は天正十三（一五八五）年十月段階での誓約であろう。

一、遠州（徳川家康）と西国（羽柴秀吉）が、万が一に合戦となった場合には、当然のことながら、遠州に味方する。

一、明日にも万が一に遠州と西国の国境が合戦になったのならば、遠州からの連絡次第、時日を移さず加勢を遂行する。

この事項の再確認があったことはまず間違いなかろう。北条氏政・氏直は家康上洛の時期にもし不測の事態が起きた場合、「家康より承ったように、遠慮なく遠江国に味方する」「即座に出馬する」と指示を発している。会談を踏まえてのことであろう。

今回と天正十三年十月段階を比べて異なる点は、上洛の約束が前提とされていたことである。上洛＝臣従がなされた場合、どのように対応するかということも当然のことながら議題にのぼったはずである。特に北条・徳川同盟を維持できるかどうかである。

このことについて結果を明確に語る史料は残されていない。しかし、後述するが、上洛時や天正十六年の家康は北条擁護に積極的な行動を示す。したがって、同盟は維持する。そして家康は秀吉に対して北条氏政・氏直父子の取り成しを積極的に行う。このように約束されていたのではと推測される。

この会談について太田道誉は「沼津において家康と氏直父子が会談をもっている」と上方に三月十四日付で報告している。秀吉の関東出陣を懇願する書状の中で述べられており、結果的に家康の秀吉に対する背信という状況を語るような文脈になっている。当時の政治状況の中で、この会談はまさに反秀吉派の結束と受け取られる状況にあった。当然の事ながら沼津での会談は秀吉の耳にも達していたであろう。

会談終了の数日後、家康は浜松に帰城した。所期の目的を達し、背後を万全にすることができた。上洛にいたるまでの間、家康は対秀吉外交に専心することができるようになったのである。

家康の上洛

秀吉から家康への外交攻勢は続いた。天正十四（一五八六）年四月、秀吉は妹旭姫《あさひひめ》を家康に嫁がせることを決定し、五月十四日に御輿が浜松に到着する。九月二十四日、三河国岡崎にいた家康のもとへ秀吉から使者がもたらされる。実母の大政所《おおまんどころ》を質として家康のもとに送るので、上洛するようにと促すものだった。同時に軍事行動が計画されていたのは先に見たとおりである。この使者を受けて、家康は上洛を九月二十六日に岡崎で決定する。

上洛決定の翌日に一度は浜松に戻るもののすぐに出立し、十月十四日には三河国吉田（愛知県豊橋市）に到着する。決定後の行動は実に素早い。

二十七日には大坂城で秀吉と面会する。その場で家康は「どのようにでも関白様次第」と言上したと秀吉はいう。

この上洛に際して、秀吉・家康間に残された種々の問題について話されている。北条問題も当然であるが、信濃国の問題も解決が図られている。真田昌幸・小笠原貞慶《おがさわらさだよし》（一五四六〜九五）・木曾義昌の問題である。とりわけ真田昌幸は本能寺の変後に北条・徳川・上杉・羽柴へとさまざまな接近を図り、自らの存続を図るため必死の工作を働いた。それゆえに天正十三年には徳川家康によって軍勢が派遣され上田城攻めも行われていた。懸案だった真田昌幸の問題は秀吉の決定により徳川家康に属させるという決着が図られた。信濃国の無事が秀吉によって裁定された。真田昌幸へは天正十五年二月三十日付で家康赦免の通知と信濃国の「矢留《やどめ》」（停戦令）の朱印状が出されている。これを踏まえて真田昌幸は三月十八日に小笠原貞慶とともに徳川家康出仕を果たしている。

小牧・長久手の戦い以来の関係が家康の上洛をもって清算された。織田信雄・家康と順次個別に関係が改善され、東国では北条氏政・氏直だけが取り残される結果となってしまった。徳川家康というオブラートが剝がされた北条氏政・氏直は政治的に一段と大きな存在となった。

さて、家康上洛に際して、北条氏政・氏直にも緊張があった。万が一に備えての準備がなされている。上野国の由良国繁には家康加勢のため、二〇〇人の軍勢を引き連れて来るようにと命令が出されている。冨岡対馬入道には子息に一〇〇人を添えて家康加勢に出陣させ、自身は残る軍勢を率いて金山城に入城するように指示が出されている。また北条氏邦に対しては上野国の押さえとして自らの本拠地である鉢形城（埼玉県大里郡寄居町）に残り、西上野・東上野の差配を行うように命じている。西方面への加勢と上野国の守備という二つの考え方がここから読みとれる。

そしてそれぞれの命令書には北条氏政・氏直の確固とした意志が盛り込まれている。「当家の是非はこのときに極まる」「当方興亡はこのときにかかっている。大半にその覚悟があれば間違いはない」「当家の是非がかかっているので、軍役はいつもの例とは異なっている。そのことを踏まえて一廉《ひとかど》の働きをするように」と厳しく述べる。とりわけ氏邦に対しては「国家の是非はこのときに相極まる。内外なく身を引き締めて稼ぐように。申すまでもないことであるが」と命じる。「国家の是非」の言葉がひときわ重さを増している。

北条氏政・氏直にしてみれば、三月の会見を踏まえてということであろうが、西国との一戦に向けて準備するとは、実に重い決断である。大坂での会見で家康が秀吉と近い存在になったことに比べ、北条氏政・氏直は反対の方向へと一歩踏み出した観すらある。この家康上洛を境として徳川・北条間は徐々に距離を広げることになる。

対北条政策の確認

羽柴秀吉は徳川家康との会見の席で、関東の問題ついても当然のことながら話題とした。秀吉と北条氏政・氏直とは直接の交渉回路が実は存在していなかった。秀吉と関東の回路は北関東の佐竹義重・宇都宮国綱・結城晴朝らであり、この人脈には上杉景勝・天徳寺宝衍などが関係していた。すべて反北条の面々である。人脈の関係もあり、北条氏政・氏直と平和的な交渉は行いがたい状況にあったのではなかろうか。そこに同盟関係を結んでいた家康が登場する。対北条の外交戦略にも大きな変化がもたらされることになる。

従前は「富士山一見」で示される強硬路線であったが、家康上洛を機に、家康を主体とする対北条宥和路線が模索されることになった。そのことは対北条強硬策に動員されていた上杉景勝への書状にも見えている。「さて、八州については、最前家康が上洛した際に、細かく仰せ聞かせた。きっと命令を達成するであろう」と上杉景勝に連絡している。この伝達に先立っては、「『関東へは軍勢を出さなくて済むように、無事に済むように』と家康に命じた」とも述べている。秀吉・家康対面の折に当面の対北条政策が確認されたのだった。

しかし、秀吉も事は簡単に解決されるとは思っていなかったらしい。「もし北条が下知に背き、佐竹・宇都宮・結城へ攻め込んだならば、此方《こちら》から命令を出すので、後詰めの用意をするように」と秀吉の認識が示されている。結果的には北条氏政・氏直を滅ぼすことになるが、天正十四（一五八六）年段階においても、沼尻の合戦時と同様に、北条氏政・氏直父子対佐竹義重、宇都宮国綱そして結城晴朝という構図で関東の政治情勢は理解されていたのだった。

つまり対北条の問題は、正面からは家康が交渉にあたり、平和的解決を目指す。同時に従前からの方針であった軍事行動による制圧も念頭に置いていた。秀吉の関東への回路が、従前からの対北条強硬ラインに加えて、家康を介する対北条宥和路線という、当時の関東の政治情勢に即した二つの回路を得たことは注目しておきたい。

上洛の結果が北条氏直にも連絡されていた。氏直は十一月五日に上洛の無事成功の祝儀を贈っている。

3　豊臣秀吉の東国政策

関白任官と天下静謐

天正十三（一五八五）年七月十一日、羽柴秀吉は関白となる。これにより秀吉の権威は確固たるものとなった。秀吉は全国を統治する権限について、その源泉をこの関白任官に求めて説明するようになる。

勅定があったので筆を染めます。よって関東は残らず奥州の果てまでも、綸命《りんめい》によって天下を静謐にする処《ところ》、九州のことは今にいたるまで戦争状態が続いている。よろしくない状態であるので、国郡の境目相論《そうろん》について互いの存分を聞こし召し届けられて、追って仰せ出される。まず敵・味方とも双方に弓箭《きゆうせん》を止《とど》められるようにとの天皇の叡慮《えいりよ》である。その意を受け止めることがもっともである。もしこのことに専心しなかったならば、必ず御成敗をなされるので、この返答は各のためには一大事である。分別あって返事を言上するように。

任官から約三ヵ月後の天正十三年十月二日、秀吉は島津義久《しまづよしひさ》（一五三三〜一六一一）にこの文書を出す。同内容の文書が「大友松野家文書」に後欠ながらも残ることから、大友義統《おおともよしむね》（一五五八〜一六〇五）にも出されていたと考えられる。

冒頭の文言に注目したい。「関東は残らず奥州の果てまでも、綸命によって天下を静謐にする」と述べ、天皇の命により関東・奥羽までの天下静謐を執行する関白秀吉が位置づけられている。この主張は天正十五年五月九日に出された九州征伐の終結の直書の「日本六十余州のことは、改めて進止せよと仰せ出されたので、残らず命じた」にも通じており、全国統治のための権威の源泉がどこにあるかを明示している。

そして具体的施策として三つが掲げられている

①国郡境目相論については、双方の主張を調査の上、天皇の命として秀吉が裁定する。
②軍事紛争は天皇の命令により即座に停止を命じる。
③このことに違反した場合、秀吉が成敗する。

関白秀吉が冒頭の方針のもとに、その具体策を明らかにして示されていると読める。この冒頭部分に注目し、本文書が意図する政策を「天下静謐令」と呼ぶ研究者もいる。

この施策は近年、豊臣平和令に一括される諸政策のうちで、「惣無事令」と名付けられている施策に深く関連し、その原型をなす法と指摘されている。惣無事令研究の道を開いた藤木久志は「惣無事令」の意義について、次のように論じている。

惣無事令発動の意義は、豊臣秀吉が全国統合を成しとげ諸大名に君臨した事実を背景に、諸大名の独自な「暴力」行使を禁止することによって、自己の手に一切の軍事的実力の行使権つまり国家的「暴力」の集中を実現したことにあり、それはまた戦国大名公儀の否定と豊臣政権による公儀の独占に外ならない、

(『豊臣平和令と戦国社会』)

豊臣政権によって執行される国分けが、戦国時代のそれと峻別される理由として、「裁定には命令に等しい拘束力をもたせ、従わぬ者は平和侵害の罪を以て誅伐・成敗の対象とし、裁定の実現に当たっては、当事者の自力を排して職権的な強制執行の態勢をとる」ことをあげる。全国統一を進める大義名分はここにあった。この秀吉の論理は「天下静謐」「関東惣無事」「矢留」「関東奥羽惣無事」な

どさまざまに言葉を換えて時の政治に登場する。施策を表現する言葉に差こそあれ、意図する内容は同じであり、この直書が「惣無事令」の基点に位置する法令であることは間違いない。天正十三年以降、秀吉は頻繁にこの論理を振りかざして、統一政策を推し進めていく。

関東停戦令

秀吉の天下静謐の論理は、関東にも適用される。天正十四（一五八六）年である。

佐野のことについては、異儀がないことは、尤もである。万が一の時は入魂が専一である。……（1）

家康のことについては、種々にわたり縁辺などのことについてまでも望んだので、誓詞・人質以下を堅く調えて、赦免した。……（2）

さて関東のことについては、近日、使者を差し越して、境目を立てて、静謐に属す。もし滞る族《やから》があれば、必ず命令を下す。「其間」の儀は少しも軍事行動を行ってはならない。……（3）

委細は山上道牛に伝えた。また増田長盛と石田三成が申し添える。

五月廿五日　（朱印影）

塩谷弥六とのへ

趣旨がわかりやすいように、改行をいれ、文末に数字を付した。内容的には数字が示すように三件の内容を含んでいる。

（1）は先述した佐野家継承問題である。佐野家臣山上道牛が同家継承に関する決定を秀吉のもとへ報告し、了解を得たことを反映している。本文書の意図とは別に佐野家側の意図は（1）の文言を必要としていた。ゆえに冒頭に記載されていると考えられる。

次の（2）は、天正十四年二月の徳川家康から羽柴秀吉への和議申し入れを指している。家康から羽柴家への縁組みが申し入れられたことも記載されている。秀吉としては和議ではなく、「赦免」と表現したところに大きな意味があった。小牧・長久手の戦い以来の敵対関係の解消を「赦免」したと表現することが、自らの権威を確認し、宣伝することになる。

秀吉がこの直書を作成した主眼は、最後の（3）の「惣無事令」にあったと思われる。原文では「関東之儀」と書き出し、次の三点の命令を発している。

①羽柴家から使節を派遣し、境目を立て、静謐に属させる。

②もし、この決定に従わない者があった場合は、何らかの処置をする。

③決定があるまでは軍事行動は禁止する。

先の島津義久に出された命令と比べて、順序の差こそあれ同じ構成をとっていることは見て取れよう。

この直書には増田長盛と石田三成が連署する副状がある。その副状は、（2）の家康赦免の内容がなくなり、（1）の佐野家問題と（3）の「惣無事令」の二件で構成されている。とりわけ（3）については③の停戦を指示する文章が明確に書かれる。

この直書と副状は下野国塩谷郡川崎（栃木県矢板市）の領主である塩谷義綱《しおやよしつな》に宛てて出されている。同日付で同内容、かつ同様な組み合わせの文書は南陸奥白川の白川義親にも出された。ただし、白川義親宛にはもう一通ほど関連する書状がある。差出人は実名が不明であるが小島若狭守と署名している。この小島若狭守の書状では先の二通とは異なり、（1）の佐野家問題は触れず、（2）の家康赦免と（3）の「惣無事令」だけで構成されている。とりわけ（3）については、「命令について御心得なさって、早々に御使者を派遣されることが大事です。御油断はよろしくないと存じます」と意見まで付与している。

これらの史料の内容構成から推測すると、佐野家の意図に反して、秀吉は（3）の「惣無事令」の通達に重点を置いていたことは明らかであろう。

山上道牛と停戦令の伝達

この通達は五月二十五日付であるので、使者となった山上道牛はこの日の直後に京都を出立したと考えられる。文書を受理した白川義親は七月二十七日に増田長盛・石田三成・小島若狭守に返書しているので、山上道牛はおよそ二ヵ月間を要して南陸奥白川にいたった。この使者山上道牛について、信濃国の大名小笠原貞慶は「関東のことについては、御使として山上道牛を差し遣わされた」と南陸奥三春《みはる》（福島県田村郡三春町）の田村宗顕《たむらむねあき》に送っている。田村氏のもとへは山上道牛ではなく、別の使者一麟斎《いちりんさい》が京都より赴いていることから、関東の使節であった山上道牛は白川を北端として派遣されたと思われる。では、この間、使者の山上道牛はどの地を経由したのであろうか。

宛先の一人が塩谷義綱であるので、下野国塩谷郡川崎は経由している。

七月二十七日付の結城晴朝家臣の水谷勝俊の書状には「京都より御使節として山上道牛を差し下され、御当方（白川義親）へも御内書があるので、内容についてはは申すまでもないでしょう。きっと関東へ御下知があるでしょう」と述べている。あるいは結城晴朝のもとに立ち寄ったのであろうか。

山上道牛は佐野家臣であり、当初の目的が佐野家継承問題であろうから、佐野家には立ち寄ったであろう。当然、「惣無事令」の内容も伝達されたと思われる。

先の小笠原貞慶の書状には「佐竹にも仰せ下された」と記載があることから、佐竹義重への「惣無事令」の伝達はこの頃に行われたことは間違いない。ただし、山上道牛が伝達したのではない可能性も残る。

しかしながら、北条氏政・氏直には伝達された形跡はない。後述するが、「惣無事令」の内容は家康上洛後の十一月段階になって直接に伝えられている。したがって、山上道牛は北条家に立ち寄っていないと見るべきであろう。

このように点検すると、五月二十五日の停戦令は関東に対して包括的に出されたものではなく、北関東を中心とした個別的、限定的な範囲に出されたと考えられる。山上道牛が伝達した受け取り手は可能性も含め南から、当主不在の佐野家・結城晴朝・塩谷義綱・白川義親となり、佐竹義重も何らかの方法で命令を受けていた。これらのメンバーに共通する点がこの段階の停戦令の意図になるのではなかろうか。

同じ天正十四年五月段階には奥羽にも命令が出されている。内容は蘆名・伊達・田村三家に関わる「和睦」の伝達であった。しかし内容は「惣無事令」の伝達と考えられている。この三家に関しては関東と別立てで命令を発したのである。

また奥羽に関してはさらに別途の発令があったことも確認できる。山形の最上義光《もがみよしあき》（一五四六～一六一四）は「上方より大崎《おおさき》（義隆、名生城《みょう》〈宮城県古川市〉城主）迄《まで》は、御廻文があるとのことを承った。そちらへも使者があったでしょうか。心配しております」と陸奥国登米《とめ》郡寺池《てらいけ》城（宮城県登米市）城主の大名葛西晴信《かさいはるのぶ》（生没年未詳）に連絡している。また北陸奥三戸《さんのへ》城（青森県三戸郡三戸町）城主の南部信直《なんぶのぶなお》（一五四六～九九）に宛てても何らかの伝達があったようで前田利家が取次を行っている。

遅れて天正十七年十月一日付の直書および十月五日付の増田長盛・石田三成連署の副状では那須資晴《なすすけはる》に「矢留」が伝達されている。その内容は「宇都宮国綱に対して意趣があって、彼表へ荒々しく軍事行動を行ったことを聞いた。存分があるのであれば、上意を得てその趣旨に従うこと。勝手に行う族は問題とならない。所詮《しょせん》は重ねて諸境目について、堅く仰せ付けたので、それ以前については矢留とする」とある。年次が随分と遅れるが、ここでも「惣無事令」の論理が伝達されている。このときに那須氏に対して個別に発信されていることには注意したい。

つまり山上道牛がもたらした五月二十五日付の停戦令は、文書の受け取り手を勘案すると、「関東之儀」と題しながらも包括的なものではなかったことが予想される。この当時の北関東での問題からすれば、塩谷家内部の対立と、それに繋がる宇都宮国綱と那須資晴の抗争であろう。時期的にも反北条勢の「一統」が北関東諸勢の重要な共通課題になっており、関東停戦令も課題として、北関東問題に向けて出されていたと思われる。

さらに那須資晴には発令が三年ほど遅れるなどという発令状況を踏まえるならば、「惣無事令」の発令は総括的に出されたのではなく、個別的・限定的に出されたと考えられる。一般に中世の法は総括的に出されるものはない。「惣無事令」もこの系譜を引いているのである。

そして何よりもまだこの時期、北条氏政・氏直には「惣無事令」は伝達されていない。伝達はおよそ五ヵ月後である。山上道牛が北関東を回っている四月には、北条氏直は佐野攻めを行う。五月初めには皆川広照が北条氏政・氏直に帰属する。そして五月末から六月初頭にかけては宇都宮多気山城下で合戦が行われている。北条氏政・氏直には「惣無事令」の気配すらない。

関東惣無事

徳川家康は天正十四（一五八六）年十月二十七日に大坂城で羽柴秀吉と会見した後、三河国に帰国する。浜松帰着は十一月二十日だった。北条氏直は家康から京都での状況がよかったとの報を受けて十一月五日に、上洛の祝儀の使節として山角定勝を派遣している。上洛中も相互に丁寧に連絡を取っていた。おそらく秀吉との会見直後にも、状況を北条氏政・氏直に伝えていたであろう。

北条氏政・氏直との直接の繋がりを持たなかった秀吉が、徳川家康の臣従によって、直接交渉する回路を得た。次に掲げる書状は、家康上洛後の羽柴家の対北条基本方針が家康によって北条氏政・氏直にもたらされたことを示している。

関東惣無事のことについて、羽柴方よりこのように申して来た。その趣旨は先の書で申し入れたが、只今は朝比奈泰勝に持たせた。御披見のためにそちらへ届けます。よくよく御熟慮されて御返事を頂きたい。この通り氏直へも申し届けるべきところですが、御在陣のことだそうですので、届けられません。内容については御陣中の氏直のところへ下し届けられ、しかるべき対処が重要だと思います。委細は朝比奈泰勝に口上するように申し含めてあります。恐々謹言。

十一月十五日　　家康（花押）

北条左京太夫殿

発信の日付は十一月十五日。家康は浜松帰着以前で、岡崎滞在中ではなかったろうか。この書状の以前に対北条基本方針については、すでに趣旨を伝えたとしている。会見の結果の重要事項としてすぐさま届けられたのであろう。正式かつ正確には、おそらく発給されたであろう秀吉直書に、この十一月十五日付の書状を添えて伝えられた。使者には北条家への使者としていつも活躍する朝比奈泰勝である。当主北条氏直は陣中のため、氏政が宛所にされている。
残念ながら直書が残らないため、正確な内容は不明である。冒頭に「関東惣無事」とあることから、一連の天下静謐に関わる命令であったことは、すでに多くの研究者が認めている。内容には先の関東停戦令と同じく、

①羽柴家から使節を派遣し、境目を立て、静謐に属させる。
②もし、この決定に従わないならば、何らかの処置をする。
③決定があるまでは軍事行動は禁止する。

の三項目であったろう。家康書状は熟慮の上の返答を要求しているが、このことは五月二十五日段階の北関東・奥羽の事例でも同様であった。また、重要なことゆえに氏直にも連絡をしてしかるべき対処をと求めている。北条氏政・氏直の一大事と認識される内容だった。

天正十二年以来、秀吉が北条を攻める理由は、自らに対する敵対者である、という認識であり、その具体化が「富士山一見」で宣伝された北条誅伐であった。すなわち北条氏政・氏直は秀吉の敵対者であった。関白任官はこの論理に超越する「理屈」を秀吉に与えたことになる。北条氏政・氏直は従前の理由に加えて、より高位の次元で敵対者に据えられていくことになる。

北関東の諸領主や蘆名義広《あしなよしひろ》（一五七五～一六三二）・伊達政宗らが北条氏政・氏直と異なるのは直接的な敵ではなく、「惣無事令」の対応のみが求められていたことである。北条氏政・氏直の場合は、

従来からの敵対者という関係に加えて、「惣無事令」の論理が覆い被さっていた。確かに「熟慮の上」、「しかるべき対処」が求められていた。

そして忘れてはならないことは、北条氏政・氏直への伝達に際して、家康は「関東へは軍勢を出さなくて済むように、無事に済むように」と命じられていたことである。取次役としての家康の手腕に期待が課せられていた。

さらに注意しておきたいことは、天正十四年十月段階で秀吉が家康に命じたのは、北条氏政・氏直への対応だけだったことである。山上道牛の派遣によって上杉景勝が関与できる地域については「惣無事令」が伝達されており、残る北条氏政・氏直については家康に命じたということだった。家康は「惣無事令」への権限が、「関東諸家中へ惣御無事」として関東全域に拡大されるのはまだ後のことだった。

4　北条の対豊臣和平交渉

北条の戦闘準備

「関東へは軍勢を出さなくて済むように、無事に済むように」と命じたということは、逆説的には合戦の事態も想定したことになる。事実、上杉景勝には先にも記したように「もし北条が下知に背き、佐竹・宇都宮・結城へ攻め込んだならば、此方から命令を出すので、後詰めの用意をするように」と秀吉は書き送っていた。北条氏政・氏直はいかなる対応をしたのであろうか。

天正十五（一五八七）年の豊臣・北条交渉については明らかにならない。まったく交渉がなかったとは思えないが、事態は平和的な方向へとは向かっていない。

北条勢での動きとして、まず指摘できるのは本城・支城の普請である。

本城小田原城での普請が大掛かりに実施される。このとき課役をかけられた北条氏房は天正十五年正月六日には家臣の関根《せきね》石見守《いわみのかみ》、二月六日に同じく道祖土《さいど》図書助《ずしょのすけ》に役を配分している。また北条氏邦は永楽一〇〇余貫文と兵糧五〇〇俵以上を負担している。五月には下総国小金城（千葉県松戸市）の高城氏にも課せられる。また郷村に対しても正月に大普請と称して北条氏政・氏直から朱印状で人足役が配分されている。この大普請には北条氏照が立ち会っている。

支城については、上野国では五月に松井田城（群馬県碓氷郡松井田町）と箕輪城（同県群馬郡箕郷町）の普請が、いずれも北条氏政・氏直の命令で課される。金山城（同県太田市）でも普請が行われている。七月三十日には金山城下の藤阿久《ふじあぐ》に普請人足が課され、九月には清水康英の指揮によって普請が行われている。上野国は従前より上杉勢の越山が想定されており、普請も念が入っていたらしい。武蔵国では、十月に岩付《いわつき》城（埼玉県さいたま市岩槻区）において「諸曲輪塀破損」と称して、修復が郷村に賦課されている。下総国では、十一月三日に栗橋城（茨城県猿島郡五霞町）の普請について北条氏照の命令が出される。相模・駿河国境地帯は十月頃に足柄城（神奈川県南足柄市・静岡県駿東郡小山町）、十一月には山中城（静岡県三島市）の普請が実施されている。

概して、本城小田原が天正十五年正月から五月、上野国内の支城は五月から九月。上野国以外の支城はその次の段階にそれぞれの城主の命令で、十月以降に。領国西境は北条氏政・氏直の命令で十月以降。このような四段階で普請が実施されていた。

この年で一番目立つ動きは七月三十日付でいっせいに行われた「人改め」である。

①各郷村に住む人の中から、「侍・凡下《ぼんげ》」を区別せず、「御国」のために働ける者を選び出し、その者の名を書き出すこと。

②弓・鑓・鉄砲のうちいずれかを用意すること。「権門の被官」だと言って陣役を務めていない者、商人・「細工人」（職人）で、一五歳から七〇歳の者は名前を書き出すこと。

③「腰差《こしざし》類のひらひら（旗指物）」はいかにも武者に見えるように支度すること。

④戦に「能き人」を選び残して、人夫同前の者（戦には役に立たない人）を選んだ場合、判明次第に小代官の首を切る。

⑤よく働いた者は侍であっても、「凡下」であっても区別せず望み次第に恩賞を出す。

以上が、万一のときのためとして一ヵ月で調べ上げるように命じられている。明らかに秀吉との一戦を想定した軍事動員の準備であり、③などを見れば、陣触が間もないことが誰にでも感じられたであろう。

この人改めは、栢山《かやま》（神奈川県小田原市栢山）、中島（小田原市中町付近）ほか、相模、武蔵国の随所に発給された。おそらく領国規模で実施されたのであろう。

そして秀吉との一戦を目的とした軍事動員が発令される。天正十五年十二月二十四日、北条氏照は秀吉との合戦に備え、陣触を領内に発する。遅れて二十八日には北条氏政も発令している。小田原着府はいずれも天正十六（一五八八）年正月十五日が日限と定められていた。また正月四日に上野国内の後閑宮内大輔《ごかんくないたいふ》には正月十五日に厩橋城に移るように命じている。三日に北条氏照の発した命令には「正月十四日に諸軍勢が打ち立つので」と記載され、北条氏忠は七日に「諸軍勢は来る十五日を限ってことごとく集められている」と、佐野唐沢山城への参陣を命じている。北条氏政・氏直は天正十六年正月十五日を軍事行動の具体的な開始日と決定していたことは間違いない。

年が明けると郷村にも役が賦課されるようになる。正月六日、伊豆国桑原（静岡県田方郡函南町）には材木運搬の人足が課される。七日、武蔵国馬込（東京都大田区）・相模国千津島《せんづしま》（神奈川県南足柄市）には境目普請の人足二人が課される。境目とあることから領国西側の境界であろう。馬込からは距離があるが、おそらく山中城か足柄城と思われる。十四日には伊豆国桑原・塚本（静岡県函南町）に山中城の普請役が課せられる。

軍事物資の調達も確認できる。正月十二日、鉄砲玉の鋳造御用として大磯から小田原までの伝馬が使用される。これに先立つ正月五日、北条氏照領内では寺院の鐘が借用と称して徴用されている。鉄砲玉の材料とされたのであろう。

正月十七日には北条氏照が佐野から小田原へと遠路の派兵を行うことから、家臣に対して兵糧調達のために出銭を命じている。

北条側での「天下之御弓箭」の準備は着実に進展しており、合戦は避けられない緊迫した情勢を呈していた。

対する豊臣側の動きは定かではない。この天正十五年前半は九州の島津攻めを行った年である。三月一日に大坂城を発し、五月八日に島津義久を降伏させ、七月十四日に大坂城に凱旋する。九月には聚楽第《じゅらくだい》が完成し、大坂城から居を移している。関東問題は先送りされ、十五年後半から動き出す。

北条の方針転換

天正十六（一五八八）年正月十五日を目処《めど》として動いていた北条側の「天下之御弓箭」の準備は、予定日を過ぎた時点で動きを止める。

先の氏忠の出銭は、十五日以降のことであるが、下野国という遠隔地であることから、伝達の誤差を考えると小田原の十五日以前の政治状況にあったと考えられる。したがって十五日以後の北条氏政・氏直の指令は次の二件である。いずれも朱印状で発せられている。正月二十三日、上野国内の領主である後閑宮内大輔に対して、「申し定めること」として、三ヵ条の命令を発する。二十七日、厩橋城内であろうか「東城」の普請が命じられる。しかし、これらの命令には「京勢催動」などと対豊臣戦争を示唆する語が含まれず、直接の関係を持たないと思える。

いずれにせよ、結果的にも合戦にいたっていないことから、正月二十日前後に政策転換があったことは間違いない。正月十八日、小田原から鉢形への伝馬役が課されている。この時期の上野国方面の拠点であった鉢形への伝馬は、対豊臣戦争の回避を伝える伝馬であった可能性が高い。

天正十六年二月中旬、北条家臣笠原康明は京都にいた。笠原康明は北条氏政の命令で上洛し、氏政の書状を所持していた。この書状は秀吉の侍医であった施院薬全宗に届けられた。内容を確認した全宗は、北条氏規に宛てて「上洛をお待ちしております」と返書した。氏政の書状には北条氏規の上洛が報じられていたと思われる。

二月中旬に京都とすると、笠原康明の小田原出立は一月下旬であろうか。正月十五日は北条軍諸勢の小田原集合日限であったから、その直後に出立したことになる。先に方針転換があったと推定した時期にほぼ合致する。まさに方針転換の内容を北条氏政の書状は示していたことになる。

秀吉と北条氏政・氏直との合戦が回避されたことはすぐさま列島を駆けめぐった。三月十三日には、伊達政宗の耳にも達している。

天正十六年三月十九日、北条氏政・氏直は小田原の西光院に二〇〇〇疋の地を寄進する。その寄進状に「この度、一ヵ条の所願の旨があるので、祈念を仰せ付けられたところ、異儀なく成就した」と書き出す。寄進は西光院へだけではない。江ノ島の岩本坊、さらには東国の中心的な神社である鶴岡八幡宮と三嶋大社にも行われている。いずれも同日付けしかも同じ文章である。一ヵ条の内容は不明であるが、寄進先が多岐にわたりかつ重要な寺社であることを踏まえるとかなり重要なことと想像される。期日から考えると笠原康明が小田原に戻る時期に近い。当時の北条氏政・氏直の優先課題は秀吉との関係であろうから、対豊臣和平交渉の成功を祈念したのであろう。

北条氏規の上洛の遅れ

しかし、北条家の方針は完全に一本化したわけではなかったらしい。特に下野国内で活躍していた北条氏照は秀吉との和平路線に批判的であったといわれている。事実、氏照は秀吉との交渉が続いていたこの時期に伊達政宗との交渉を活発化させる。四月十四日、政宗から北条氏直に宛てて出された書状を受けて、片倉景綱に「向後《こうご》、貴国と当方が無二の御入魂あるように、お取り成しが大事である」と依頼する。七月二十九日には伊達政宗に宛てて、進物を贈り、佐竹攻めを共同して実施し、本意を遂げるようにと申し送る。伊達政宗は佐竹攻めの連携について、了解した旨の返書を北条氏直に送る。

北条氏照が主体となって、伊達政宗と友好関係を発展させ、佐竹義重攻めを画策する。和平交渉とは正反対の好戦的な北条家の一面を確認することができる。氏照の脳裏からは「北条の夢」が離れなかったのであろうか。

伊達政宗との同盟が関係しているためであろうか、対豊臣和平交渉も順調ではない。つまり北条氏規の上洛も即座には行われない。この北条家の対応に辛抱強く対処したのは徳川家康だった。四月二十八日の段階では、秀吉から北条氏政・氏直へ伝えられた内容が難題であったと徳川家康の家臣松平家忠が日記に記している。また五月六日には秀吉と北条氏政・氏直の交渉が決裂状態とも書き留めている。

この頃、京都では北条攻めの出陣は六月頃と言い触らされていた。交渉が暗礁に乗り上げた時点で、戦準備が開始されつつあったということになる。

状況を打開するため、家康は強硬策に出る。五月二十一日、北条氏政・氏直父子に宛てて三ヵ条の起請文を突きつけた。

一、そちら御父子について、殿下の御前で悪く申し上げたり、邪《よこしま》な考えを構えて、北条家の分国をまったく望むようなことはない。

一、今月中に、兄弟のうち誰かが、京都に御礼を申し上げるように。

一、豊臣家への出仕に納得ができないならば、家康の娘を返すように。

簡潔な文章であるが、全体を通じて豊臣・北条交渉が暗礁に乗り上げていることが、まず理解できる。

第一ヵ条目では自身の潔白を訴えている。北条氏政・氏直の処遇について悪い風聞があった。上洛すれば、捕縛して処罰にいたるというような風聞であったのだろう。そして北条領国は家康に宛行われるという噂《うわさ》もあった。この時期に家康が北条領国を得るという風聞はイタリア宣教師オルガンティーノ（?〜一六〇九）も書簡に書き留めている。これらの風聞の流布について徳川家康が関与している、そのように北条氏政・氏直が疑っていたのであろう。箇条の立項からこのような様相がうかがえる。

第二ヵ条目は、北条家の兄弟のうちの誰かが早期に上洛するようにという要請である。名指しは避けているが、交渉の経過から先に通告した北条氏規の上洛を実現するようにと求めている。まさに起請文による申し入れの核心である。

第三ヵ条目は、徳川・北条同盟の解消を意味している。その延長には北条氏政・氏直の孤立と対豊臣戦争への突入が示唆されていることになる。

これらが起請文という神に誓う形式を採用したことに、脅しともいえる家康の強烈な覚悟を知ることができる。

北条家では六月に氏規上洛資金を配分している。天正十六年は閏五月があるが、起請文から資金配分へという経過を踏まえれば、起請文に対する北条側の返答は即時の北条氏規上洛であったろう。閏五月二十六日、秀吉は陸奥国磐城平城《いわきたいら》（福島県いわき市）城主岩城常隆《いわきつねたか》（一五六七〜九〇）に対して、「関東については北条がいかようにも上意次第と詫言《わびごと》を言ってきた」と伝えている。氏規即時上洛の報がこの時期に家康より報告されていたことになる。

資金集めが始まって一ヵ月後、上洛はまだ実現していなかった。七月十四日、家康は家臣の朝比奈泰勝を北条氏政・氏直に派遣する。「北条氏規の上洛が遅延しているため、重ねてそのほうを使者として北条家へ遣わす。一刻も早く上洛するようにと伝えることが肝要である。使者として逗留中に上洛が実現するように、よくよく申しなさい。もし上洛が延びるようであるならば、まずは帰国するように」と使者の役目を書き送る。家康も焦っていたのかもしれない。

おそらくこの使節派遣が功を奏したのであろう。北条氏規は上洛の途につく。

巨額の上洛資金

北条氏規の上洛に際して、北条家では大規模な資金集めが行われた。経費は全体で銭二万貫文と見積もられている。このうち北条氏邦は自身の分担金を三〇〇ないし四〇〇貫文と予想している。三〇〇ないし四〇〇貫文だけでも大きな数字（銭三〇万枚から四〇万枚）であるが、全体経費はさらに膨大な数字である。このうちで大きく占める部分は進物に関わる経費なのだろう。

天正八（一五八〇）年三月、北条氏政が織田信長に使節を送った折にも、分担金は領国全体に課された。このときは氏邦に黄金三枚が割り当てられている。この黄金三枚とは具体的に何を指し示すのかは不明であるが、かなりの規模の支出だったことは間違いない。この際も家中の知行役に従って拠出させたという。

氏規上洛に際しての分担金は、北条氏邦は六月七日付で家中へ再配分を行った。氏邦の鉢形領では知行役・扶持役分を半役で拠出するように定めた。提出日は六月二十七、二十八日の両日と定められた。

天正八年の際も氏規上洛のときも、分担金が家中に配分されたのであるが、興味深いことは、家中に配分することに氏邦自身が「失墜」を懸念している点である。どうやら北条宗家よりの賦課に際しては、家中に再配分しないことが基本的な対応であったらしい。六月七日に出された再配分の命令書には、先年の土肥《とい》(静岡県伊豆市)の御普請、天正十五年春の小田原大普請、「宮之前御門」の作事費用、破損にともなう普請などを自身が負担して、若干を除き家中には配分しなかったと記している。しかし、天正十五年春の小田原大普請など近年の物入りで氏邦自身では「いかんともする方法がない」として、家中への再配分を決めた。天正八年の際は「自身の失墜を覚悟して」家中に配分したという。そして、氏規上洛についての再配分については、半役にすれば、「さしたる失墜ではないだろう」と判断している。「失墜」の語に表現される領主=北条氏邦と家中の微妙な関係が興味深い。

それにしても、全体経費銭二万貫文とは。上洛とは経済的にも随分な大事だった。

赦免と御礼

天正十六(一五八八)年八月十日、北条氏規は徳川家康の領国、三河国岡崎に参着する。このときの案内役は榊原康政と成瀬藤八であった。小田原を発したのは七月末もしくは八月初頭であろうか。

京都への到着は八月十七日。宿所は相国寺（上京区）であった。この日以降の氏規の行動は毛利輝元家臣平佐就言《ひらさなりこと》の日記である『輝元公上洛日記』に丁寧に記載される。

二十一日、翌二十二日に豊臣秀吉と氏規の対面があるので、巳刻《みのこく》（午前十時）に出仕するようにとの触れが諸大名に出される。

二十二日、大阪城で対面。このときの北条氏直からの進物は、金覆輪《きんぷくりん》の太刀一腰・馬一〇疋・鷹一居（内白鷹一居）・漆器一〇盃。方広寺大仏造営の御合力《ごうりき》と詞書《ことばが》きが添えてあった。加えて氏規からの進物は金覆輪の太刀一腰・馬五匹・綿二折二〇〇〇把。対面は午刻《うま》（午前十二時）となった。式三献《しきさんこん》の儀礼が行われ、氏規には刀・脇指それぞれ一振が下賜され、対面は終了。対面の座次第は『輝元公上洛日記』に書き留められている。諸大名が居並ぶ対面の間はさぞや威圧的であったろう。秀吉が意識した政治的場面はこの座に集中的に表現されていたはずである。

そして秀吉退出後も諸大名との会食が続き、申刻《さる》（午後四時）におよんだ。

八月二十四日、氏規は豊臣秀長の接待をうける。二十九日、上洛の諸目的を達した氏規は関東へと帰国する。

一連の対面行事が終了した九月二日、秀吉は関東の諸領主に朱印状を送っている。佐竹義重家臣の佐竹義斯《さたけよしこれ》と佐竹義久《さたけよしひさ》を宛所に佐竹義重へ、多賀谷重経と水谷勝俊を宛所に結城晴朝へ、太田道誉とその子息梶原政景、以上に送られた朱印状の存在が確認されている。「北条はどのようにでも上意次第と種々懇望してきたので、御赦免とした。そしてその礼儀としてこの度は北条氏規を上洛させた」と報じている。北条氏政・氏直の関東における敵対勢力に、北条氏規上洛を報じる秀吉はさぞや得意であったろう。

この九月二日の朱印状で注目したいのは「御赦免」という語が使用されていることである。「御」は秀吉に対する敬語であるので、秀吉が北条氏政・氏直を赦免したということになる。さて、この「御赦免」に対応する北条氏政・氏直の犯罪的行為は何であろうか。

天正十二年以来、秀吉が北条を攻める理由は、小牧・長久手の戦いとそれに連動する沼尻の合戦によって、自らに対する敵対者であるという論理であり、その具体化が「富士山一見」で宣伝された北条誅伐であった。「御赦免」は天正十二年の沼尻の合戦によってもたらされた秀吉と北条氏政・氏直の戦争状態が、天正十六年八月の北条氏規上洛をもって解消されたことを意味している。

天正十二年の小牧・長久手の戦いほか一連の合戦で、秀吉に敵対した諸勢力は段階的に秀吉と講和し、従属した。天正十二年十一月に織田信雄。十三年三月には根来・雑賀衆。八月には長宗我部元親および佐々成政。天正十四年十月には徳川家康が最終的に臣従。この後、島津攻めを挟むが、天正十六年八月二十二日に北条氏政・氏直の「御赦免」を迎える。秀吉は合戦後四年の時間をかけて、天正十二年の敵対関係を最終的に清算させ、織田信長没後の対立関係を解消させた。北条氏政・氏直「御赦免」の政治的意義は実に大きい。

また、関東の地域史の上での重要性も指摘できる。そもそも、北条氏政・氏直に敵対する佐竹義重・結城晴朝・太田道誉・梶原政景らの北関東の諸領主は沼尻の合戦の以前より秀吉に通じていた。沼尻の合戦後、窮地に立った北関東諸領主はその対処を秀吉に懇願していた。したがって秀吉に敵対する北条氏政・氏直を倒し、関東を平定することが主題の一つであったはずである。その北条氏政・氏直を「御赦免」として帰属させたのであるから、基本的に関東地方全域が豊臣政権に属したと見なされる。秀吉は関東における敵対関係をまるごと飲み込んでしまった。天正十八年を遡ること二年前

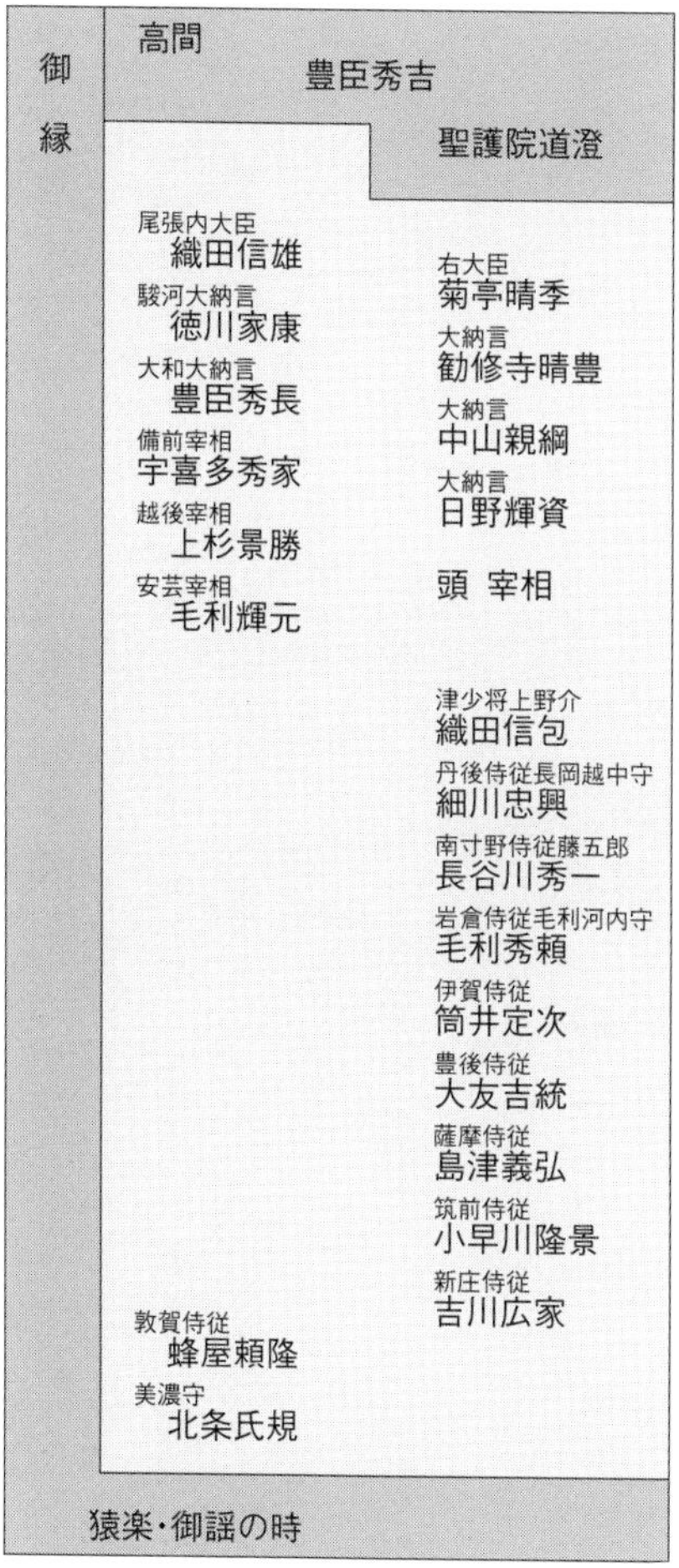

北条氏規が豊臣秀吉に対面したときの席次第
（『小田原市史 史料編　原始古代中世Ｉ』所収　七一八号文書より作図）

にである。

北条氏規上洛にともなう北条氏政・氏直の「御赦免」は、いち早く九月二日に北関東の諸領主に伝達された。関東での政治状況は豊臣家による平和のもとで新時代を迎える。事実、九月二日の朱印状では、「関東八州については、やがて御上使を差し下して、面々の領堺を確定する」と氏規の上洛報告に続けて述べている。「豊臣の天下」は次のステージに進んだ。

天正十六年八月二十二日は、関東地方さらに日本列島の視野において、政治的に意義の深い日となった。

第8章 「豊臣の天下」と「北条の夢」 天正十七年

1 足利事件と「惣無事令」

由良国繁・長尾顕長の抵抗

天正十六（一五八八）年八月、足利で合戦が起きた。足利城が舞台となっていることから、合戦の当事者は長尾顕長である。攻め手には北条氏照・北条氏邦があたっている。

長尾顕長が攻められる原因について、わずかではあるが、北条氏政が述べている。北条氏政・氏直が課した軍役に対して長尾顕長自身が参陣しなかったため、北条家の家臣が糾明した。これが引き金となって端を発した。氏政はこのように述べている。直前の閏五月二十七日には沼田方面の境目の城に番として派遣が命令されており、北条・長尾氏間に亀裂が入ったのは六月初旬から八月中旬にかけてのことと考えられる。あるいは閏五月二十七日の軍役が直接に関連しているのかもしれない。

北条氏邦の足利着陣は八月二十二日で、氏照もこの頃に着陣した。二十三日には外構えで合戦があり、冨岡六郎四郎が軍功をあげた。氏照はその功を当主北条氏直に報告している。合戦に先立つ八月二十一日には鑁阿寺《ばんなじ》が禁制を求めて北条氏邦に打診していることから、八月中旬には合戦が予想される事態になっていた。それ以後、九月にいたるまで北条勢は足利に駐留していたらしいが、合戦は確認されていない。

十一月三十日の段階で、北条氏規が徳川家康家臣の酒井忠次に足利事件について報告している。報告の中で氏規は、北条氏直の処置について他家より介入があることを懸念しているが、北条独自の問題であると確認を求めている。他家とは豊臣秀吉を指すものと予想されよう。この時点では事態は終息に向かっていた。

しかし、年が明け天正十七年になると、事態は悪化した。正月早々に足利城攻めが開始され、十日には足利城際で合戦が行われる。この時期、北条家内では長尾顕長を明らかに「敵方である」と明示するにいたっている。

十九日には事態は京都までも聞こえていたようで、天徳寺宝衍が上杉景勝に助力を依頼している。このとき、宝衍が把握していた状況は、長尾顕長が在城する足利城を北条氏照が付城を築いて攻め立てていること、および足利城は三〜四月までは持ちこたえられそうだということだった。内容から考えて、情報は足利城からもたらされた。

天徳寺宝衍の対処方針は、豊臣秀吉の命令で氏照の付城の撤去、すなわち北条勢を撤兵させるという考えだった。命令を獲得するべく、石田三成・増田長盛に相談し、両名の取り成しを得ようと画策している。秀吉の措置として長尾家を存続させようとしているのである。

足利城では正月二十四日には激戦が行われ、北条氏直から多数の感状が発せられている。また二月十二日には上野国松井田に足利への出馬が北条氏政・氏直より命じられ、翌十三日には「火急」として北条氏忠が配下の高瀬紀伊守に出陣を命じている。この数日後、事態は決するらしい。

それにしても、北条氏邦が足利に着陣したのは八月二十二日。この日、大坂城では北条氏規が豊臣秀吉に謁見している。それぞれ思いは正反対を向いているかのようで、関東をめぐる情勢は複雑である。

桐生・足利両城の破却

二月十九日の段階で、北条氏政は氏規に足利事件の処分を連絡している。そのなかに足利事件は足利にいた長尾顕長だけの問題ではなかったことが記されている。桐生の由良国繁も問題とされていたのである。由良国繁は北条家の家臣に糾明された際、早々に北条氏邦に取り成しを依頼し、処分を委ねた。結果、桐生城を退くことになる。城は破却となり、自身は妻とともに小田原在府に定まった。由良国繁は敵対行為を構えなかったらしい。

これに対して、長尾顕長は「惑説」も影響し、「身構」えたという。すなわち北条氏照・氏邦が攻めた八月の合戦を指すのであろう。しかし、「逆意」ではないと主張したために再調査となった。北条氏政から氏規への書状では「文なりとも、武なりとも、静謐にするので安心して欲しい」と連絡している。未決着ながら終結が予測されている。最終的には三月十五日には陣を解き、北条氏邦も二十一日には鉢形城に帰城している。

足利からの帰陣に際して、足利城については破却が実施される。長尾顕長も城を退城し、おそらく由良国繁と同じく在府となったのであろう。

金山城と館林城を拠点として、上野国東部から下野国南西部にかけて勢力を誇った由良国繁・長尾顕長兄弟は、このときに完全にこの地域の地盤を失った。振り返れば、天正十一（一五八三）年の佐野宗綱による画策に同調したのが最初のつまずきだった。沼尻の合戦を境に家名存続の危機に追い込まれ、天正十八年を迎えることとなった。

ところでこの足利事件は、当時の豊臣・北条間の問題として取り上げられた形跡はない。政治的な問題とは見なされなかったと考えられる。軍事行動がなされており、かつ増田長盛・石田三成といった豊臣政権中枢部にまでも情報が伝達されているにもかかわらず、豊臣・北条交渉のテーマに取り上げられなかった。足利事件は大名間の境界紛争ではなく、あくまでも北条領国内部の問題であるとして整理されたからであろう。秀吉も領国内部の問題までは関与しなかった。

老母の活躍

天正十六、十七（一五八八、八九）年の足利事件について、短いながら天正十八年八月段階での経過記録が残されている。豊臣家が発行した所領宛行の朱印状中の文言である。以下、この朱印状の記載を中心に経過を復原してみたい。

由良国繁と長尾顕長は内々に秀吉へ意を通じていた。そして、「先年、小田原に捕らえられて置かれたとき、北条勢は居城に攻めかかり、居城を渡すように」と命じてきた。しかし、由良国繁・長尾顕長の母は覚悟を決め、城に籠もって、「京都にお届け申し上げたので、京都の決定に従います」と抗弁した。しかし残念ながら小田原へ城を明け渡すこととなった。このように経過を記している。

由良・長尾両家がどの時点で豊臣家に意を通じていたか。このことについて具体的な事実は確認できない。天正十二年末の金山・館林両城が接収された以後の可能性はある。あるいは先に確認した経過から、足利からの情報を踏まえて天徳寺宝衍が画策したことを指すとも考えられる。状況としては後者と判断するほうが妥当であろう。

「先年、小田原に捕らえられて置かれたとき」とある事実は、正確にはわからない。おそらくは天正十六年夏の一件で由良国繁と長尾顕長は小田原に捕らわれの身となったのであろう。そして、由良国繁・長尾顕長が捕らわれの身となったことにより老母は決心し、籠城することにした。経緯からすると、この籠城が天正十七年二月の足利城攻めを指す。しかし、力およばず足利城は落城となった。このように事態の推移が復原できる。

豊臣家発行の朱印状の中の文言ではあるが、注目したいのは、事件当時に「京都にお届け申し上げたので、京都の決定に従います」と主張している点である。北条領国内部の問題であるにもかかわらず、老母は豊臣政権の裁定を希望していたことになる。老母が「惣無事令」を意識していた可能性は高い。北条領国内部の問題を由良国繁・長尾顕長と北条氏政・氏直との紛争、つまり私戦という構図に置き換えて、このような主張をしたのではなかろうか。実際に天徳寺宝衍が意図していた施策も、北条勢の撤兵、すなわち停戦である。「惣無事令」の第一段階にあたることになる。このように解すれば、北条領国内部の領主層にまで、豊臣平和令が浸透しつつあったことが垣間見られる。

天正十八年、由良国繁・長尾顕長は小田原城に籠城することとなったが、以前の経緯を忘れなかったとして、秀吉は堪忍分《かんにんぶん》（生活費）として常陸国牛久《うしく》（茨城県牛久市）を与える。宛先は「由良・長尾老母かたへ」と記されている。子息二名が捕縛される中、一人足利城で奮戦した老母に、秀吉はなにがしかの感動を覚えたのであろう。

鑁阿寺の「禁制」

足利事件に際して、鑁阿寺にも当然影響があった。鑁阿寺の地は足利城の膝下《しっか》であるため、戦場になるのは避けられなかった。事実、足利衆が鑁阿寺を「草屈場《くさかまりば》」、すなわち草むらに潜んで敵の様子を探る場として活用することを北条側は懸念していた。北条氏邦の足利着陣は八月二十二日であったが、鑁阿寺は足利学校とともに着陣直前に禁制の発給を要請していた。氏邦は二十一日より軍勢を派遣し保護する旨を連絡している。

ところが、北条側の施策に手落ちがあったらしい。堂をめぐっての破壊行為があったのである。二十一日段階での氏邦の約束は禁制を発給せず、庇護のための軍勢を派遣するという内容であった。氏邦によって派遣された軍勢は直接の指揮下になかった軍勢であったのであろう。その軍勢が本堂に何らかの破壊行為を行ったと推察される。鑁阿寺はこれを北条氏照と氏邦に訴えたのである。

これに対して、八月三十日、北条氏照家臣の間宮《まみや》綱信《つなのぶ》は事態に対処して、「本堂について、昨日、氏照の禁制を立てたので、静謐となるようにした。ご安心ください」と申し送った。しかし返事の内容は非常に冷たい。今回の一件について、鑁阿寺側から綱信を窓口とする北条氏照の側へ何ら連絡がなかった。今後は「重ねて各から仰せ届けられるのが、当然である」と申し送り、鑁阿寺側の落ち度を責めている。書状の宛名書きは「盤安寺」とある。あたかもまったく知らない寺院であると嫌味を込めて表現したか、さらに意図的に寺名を間違え非礼で応酬したかを思わせる。

また九月一日には北条氏邦家臣黒沢《くろさわ》繁信《しげのぶ》が鑁阿寺に書状を出して対応してはいるが、黒沢も鑁阿寺の落ち度を責めている。「本堂伽藍について、この上はいかにも手堅く申し付けたので、ご安心くださ い。以前については庇護するように申し付けたが、御印判による禁制もありませんでした。鑁阿寺の御僧衆は一人も本堂に指し置いていなかったので、北条勢が派遣した近国の軍勢が御軍法であるということを知らず、このようになってしまった。今後は近日より御僧衆を数人指し置くことが良いでしょう」と書き送る。氏邦側の落ち度を一部で認めながらも、僧衆が一人も本堂に配置されていなかった責任を指摘している。寺は僧衆自らが「自力」で守れ。そのように申し送っている。

この一件はさらに続いた。翌天正十七年正月の出陣の際にも鑁阿寺内の護摩《ごま》堂が破却されたのである。破却の犯人は北条側が派遣した下総衆であったという。報告を聞いた氏邦は立腹したという。しかし、北条家の家臣である横地勝吉《よこちかつよし》は先の黒沢繁信と同じ論理を語っている。「概してこのような庇護においては、どこでも出家衆が五人も三人も寺中にいれば済む問題である」と、僧衆不在、「自力」の欠如を責めている。

ここに鑁阿寺と北条家で二つの論理の対立が読める。鑁阿寺は北条家に庇護を求め、了解された権力の庇護によって無事が保証されるべきであると主張する。これに対して北条家側は僧衆の「自力」による無事を主張する。あたかも「豊臣の天下」論を主張する鑁阿寺と「自力」の中世的世界論を押し通す北条側。このように両者の関係が読みとれる。中世と近世の狭間をこの一件に読みとることができる。

2 「御赦免」の影響

反北条勢への上洛要請

「御赦免」によって、「関東惣無事」は次なる段階へと進む。北条氏政・氏直については境目を確定させることが新たな課題となるが、豊臣秀吉にとっては北関東の諸領主との対応が新しい段階を迎えることを意味する。

天正十二（一五八四）年以来、秀吉と佐竹義重・宇都宮国綱は同盟関係であり、北条氏政・氏直とは敵対関係であった。その北条氏政・氏直が秀吉に赦免されたのであるから、秀吉からみれば、上洛の差により北条氏政・氏直のほうが佐竹義重・宇都宮国綱らよりも近い関係に変更になったことになる。佐竹義重・宇都宮国綱らの立場にも微妙な変化がもたらされることは必然である。

天正十六年九月二日、秀吉は佐竹義重・結城晴朝・太田道誉とその子息梶原政景ら関東の諸領主に北条氏政・氏直の「御赦免」を知らせる朱印状を送った。その朱印状で「なお、上洛の剋《こく》に仰せ聞かせる」と書き添える。上洛の要請である。秀吉が関東における次なる課題を、どのあたりに定めていたかを示唆している。

石田三成と宇都宮国綱

そのことは石田三成の宇都宮国綱への態度に如実に現されている。

北条氏政・氏直が足利事件に対処している天正十七（一五八九）年三月頃、宇都宮国綱は「上洛する」と豊臣秀吉に連絡した。返書する石田三成は早急の上洛を求めている。その返書の中で注目すべきは次の三点である。

①宇都宮国綱の上洛を北条氏政・氏直が聞くと、「足利へ出勢」という名目で軍勢を動かし、宇都宮を攻めると内々に宣伝し、上洛を阻止するかもしれない。しかし、北条氏政・氏直は氏規を上

洛させ、公儀に相勤めることが決定している。たとえ宇都宮攻めが確実で、一度は占領されたとしても、宇都宮家として上洛を遂げていれば、最終的には領土は保証される。

②宇都宮攻めの風聞で上洛が遅れる間に、北条氏照が上洛し、虚偽も含めてさまざまな申告をして、承認を得たならば、宇都宮家のためにならない。一刻も早い上洛が必要である。

③上洛に際しての進上物などの準備は無用なので、万事を抛《なげう》って、まずは上洛することが第一である。

①は、北条領国が豊臣政権に包摂されたことを明確に表現している。北条氏政・氏直による私戦はありえないと、石田三成は具体的に語っている。そして、宇都宮領の保持のためにも早期の上洛が重要であると勧告しているのである。

注意すべきは②で、宇都宮国綱がもっとも嫌う人物であった北条氏照の名前を掲げ、上洛を求めていることである。氏照は北条家の中で、沼尻の合戦の際にも主体的に活動するなど、下野方面の軍事行動を担当した人物であった。栗橋城・祇園城・榎本城を拠点に宇都宮攻めを画策したこの氏照が上洛した場合、宇都宮国綱にとって益になることはまずない。従来、同盟関係であった宇都宮国綱に対して、この氏照の名前を出すということは、脅しに近い。この対応を受けた国綱は焦ったに違いない。

そして③に進上物は不要を書き添えて、負担の軽減を記していることも重要である。先に北条氏規の上洛に際してはかなりの負担が強いられたことを見た。北条領国規模でも多大な負担であったことを考えたとき、北関東の諸領主が上洛するために資金負担することはきわめて厳しかったことが想像される。三成による進上物不要の明示は上洛のハードルを下げる実質的な意味を持ったに違いない。

つまり、この宇都宮国綱への返書から、上洛を実現させようとする豊臣秀吉の政治姿勢が見られる。政治的情勢の確認や圧力、そして経済的配慮を文面全体に行きわたらせ、一刻も早い上洛を求めている。従前のような味方への庇護といった文章の書きようから、圧力に近い申し入れへと文面に変化が見られるのである。北条氏規上洛により、佐竹義重・宇都宮国綱等が置かれた立場はこのように転じてしまった。

伊達政宗への上洛要請

日時はやや過ぎるが、天正十七（一五八九）年十月に那須資晴に対して「宇都宮国綱に対して意趣があって、彼表へ荒々しく軍事行動を行ったことを聞いた。存分があるのであれば、上意を得てその趣旨に従うこと。勝手に行う族は問題とならない。所詮は重ねて諸境目について、堅く仰せ付けたので、それ以前については矢留とする」と「惣無事令」の論理が伝達された。このことは天正十三年の塩谷家内部対立に端を発し、宇都宮国綱と那須資晴が対立した事態を指している。すでに見てきたとおり、同年以降の関東の政治史に少なからざる影響を与えていた。

天正十七年十一月頃、那須資晴家臣の大関晴増《おおぜきはるます》（一五六一～九六）が上洛しており、秀吉の命を受けていた。その内容は塩谷家問題のことの確認であったようで、十月直書の内容、すなわち停戦を前提とする内容であったらしい。那須・宇都宮・塩谷の対立関係において当事者の一方は上洛使節を派遣していたことになる。このことは対立する塩谷義綱にも石田三成から伝達されており、「違反する輩があった場合は報告するように」と付け加えられている。

双方は停戦令を受け入れ、那須資晴側は上洛使節も派遣していた。この対立も「豊臣の天下」の名によって、関係が清算の方向に向かっていった。戦国時代は確実に終焉に向かっていた。

そして上洛の要請は奥羽にまで届く。天正十六年九月十三日、施薬院全宗《やくいんぜんそう》は伊達政宗に北条氏規上洛を報じる。その書状の中で「さて貴殿につきましても、そちらの状況が許せば上洛してください」と添えている。

続いて十月五日には富田知信が政宗に来春早々の上洛を要請をする。最上・岩城両家が必ず上洛すると明言してきたため、先を越されると従来からの友好関係が無になる可能性があると書状で指摘した。

北条氏政・氏直の「御赦免」は上洛要請をより北へと拡大させる画期となった。「豊臣の天下」は確実に広がり、列島を覆い尽くそうとしていた。

3　豊臣秀吉の沼田裁定

沼田問題

天正十六（一五八八）年十一月三十日の段階で、北条氏規が徳川家康家臣の酒井忠次へ北条家内の状況を連絡している。「北条氏政が『御隠居』と称して引き籠もり、少しのことについても『重ねては関与しない』と言って取り合わない。どうしようもない」と嘆いている。北条氏政のこの態度は上洛の拒否に繋がっており、氏規の困惑がうかがえる。

この頃、豊臣秀吉から妙音院《みょうおんいん》・一鷗軒宗虎《いちおうけんそうこ》の使節が小田原に下向し、さらに富田知信と津田信勝の書状が届けられた。また徳川家康よりも朝比奈泰勝が使節として小田原に到着している。朝比奈は関白から家康への口上をも取り次いでおり、北条氏政・氏直は「しかるべき返事」を求められていた。

秀吉および家康より催促を求められた返事とは「沼田について」だった。このとき、交渉の課題として沼田の帰属問題が浮上していたのである。北条氏規上洛時に北条側が秀吉に解決を提起した。この後の経過を踏まえれば、沼田問題とは懸案の上野国内にある真田領の帰属問題であった。

若神子の合戦で同所は家康より北条氏政・氏直に権利が認められた。この決定に不満を持った真田昌幸は家康に背き、上杉景勝や秀吉を頼り、所領の維持を模索した。北条氏直は沼田を何度となく攻めるが、落とすことができず、この時点にいたっていた。

真田昌幸は天正十四年二月に発せられた秀吉の信濃国の「矢留」を受け、家康上洛時には家康への帰属が決定された。天正十五年三月には出仕を果たす。すなわち、家康としても若神子の対陣の際の協定を踏まえねばならないという前提があった。また一方で国郡の境目は秀吉の裁定という方針があった。秀吉は北条氏政・氏直および真田昌幸の意向を踏まえ、上野国内の真田家領を裁定せねばならなかった。

この沼田問題の進捗について十一月三十日の段階では、北条氏政・氏直にとってよい状況にあると同家側に連絡されていた。さほど解決困難な問題ではなかったらしい。伊達政宗のもとにも「沼田・吾妻が北条側に割譲される」と伝えられていた。あまりの好条件であったためであろうか、政宗は「北条家は今に疑心である」と前田利家に書き送っている。

天正十七年二月、北条家臣の板部岡江雪斎《いたべおかこうせつさい》は交渉のため上洛した。氏規上洛時に申し立てた際、事情に詳しい家臣の上洛が秀吉から求められていたためである。審議に際して江雪斎は若神子の合戦での協定の内容について具体的な説明を行った。そして上洛最中に沼田問題の裁定が下された。上野国内真田家領のうち三分の二は沼田城に付けて北条氏政・氏直に割譲。残る三分の一の所領は城ともども真田昌幸に安堵。割譲する三分の二相当分の所領を家康は真田昌幸に宛行う。このような裁定だった。

ただし、この裁定には秀吉から条件が付けられた。「北条上洛」を約束する一札の提出。「北条上洛」とは北条氏政・氏直父子のうちどちらか一名の上洛を指す。この一札の提出を受けてから秀吉は上使を下向させ、境目を確定するというものだった。

ところで、交渉の過程で、江雪斎は細川幽斎《ほそかわゆうさい》（一五三四〜一六一〇）を訪問している。同邸では歌会が催され、江雪斎は、

露や先あきのすかたをこほすらん　花はなつ野の草の夕風

という歌を詠んでいる。さほど難しくない政治交渉であったことも背景にあるのであろうか。数年前の敵対関係は薄らいでいたことを思わせる。

一連の交渉日程を終え、江雪斎は小田原へと下った。

「一札」と上使下向

北条側からの一札は即座には提出されなかった。その間、京都より使節も下向したらしい。これらの交渉を経て、天正十七（一五八九）年六月五日に北条氏直は豊臣家の交渉窓口である妙音院・一鷗軒両名に宛てて、書状を出す。「北条氏政が極月《ごくげつ》に小田原を出立する」と報告したものだった。約束の一札ということになる。二十二日には上洛にともなう人数と負担金の手配が北条家でなされている。氏政の上洛となると経済的負担はかなりのものになったであろう。翌二十三日には上野国内の領主にも上洛が報じられ、二、三ヵ条の条目が口頭で伝達されている。上洛の協力要請であることは間違いない。

約束通り、秀吉からは沼田城を含む上野国真田領三分二を引き渡す上使が下向することとなった。上使下向にともなう秀吉の命令は七月十日に発せられている。命令の朱印状では「今度関東八州・出

羽・陸奥の面々の分領に、境目等を立てられるために」と書きはじめている。実態は沼田城の引き渡しであったのだが、この引き渡しが関東奥羽惣無事の完成を象徴的に語る政治的儀式として想定されていたことをうかがわせる。

準備は着々と進められた。北条側の受取人は北条・豊臣両者の協議により、七月十三日に氏政叔父の北条氏堯《うじたか》と定められ、即日に命令された。経緯のある北条氏邦は外されたのだろう。引き渡しにともなう軍勢の数や、引き渡し後の接待については北条氏政より氏邦に指示が出されている。引き渡しは七月二十五、二十六日頃が予定されていた。

引き渡しは無事終了し、その情報は八月十九日には那須資晴の耳にも届いている。関東における「豊臣の天下」の完成まで、残すは北条氏政の上洛を残すのみとなった。

北条氏政上洛せず

北条氏政の上洛は、確実に準備されていた。十月十四日には、下野国佐野領内でも上洛資金の配分がなされている。北条氏忠が家臣高瀬紀伊守に対して、同月三十日を締め切りとして一貫八四八文の提出を求めている。随分と細かな数字であるが、それだけに厳密に計算がなされたことを予想させる。しかし、佐野領での締め切りが十月三十日とすると、十二月の小田原出立にはぎりぎりとなる。氏規上洛の際も家康の気をもませたが、氏政上洛もまた危機感がないほどに準備がゆるやかだった。

十一月十一日、天徳寺宝衍が上杉景勝家臣の木戸元斎に書状を出している。

北条家は沼田の地を請け取って以後、今日にいたるまで、飛脚にても連絡がない。「もし今月中に上洛がなければ、来月二十日には御陣触がある」と、去四日に関白が自分に（天徳寺宝衍）仰せられた。昨十日にも「北条家の上洛がなければ、きっと御出馬する」と直接に仰せ聞かされた。

北条氏政・氏直側の約束は「十二月に小田原出立」であるから、ここで問題とされているのは事前の連絡・報告なのであろう。書き手が天徳寺宝衍であることにもよるのだろうが、随分と強硬な姿勢である。このあとには先述した関東上杉領国構想が書き綴《つづ》られるのであるが、豊臣側では北条誅伐の準備が始まりつつあったことは間違いない。

新しい危機が確実に訪れていた。しかもこの危機は回避不能の事態に陥ってしまう。

小田原合戦への道

天徳寺宝衍が木戸元斎にこの書状を認《したた》める八日ほど前、徳川家康家臣の松平家忠は自らの日記に北条家が真田の城一箇所を攻め取ったと書き記している。小田原合戦を勃発させ、北条氏政・氏直を滅亡に導いた、運命の名胡桃《なぐるみ》事件である。

北条家の誰かが最後の一歩のところで「北条の夢」を思い出したのであろうか。

上方に情報がもたらされた日は不明であるが、十一月二十一日には報を受けて、被害者である真田昌幸に宛てて秀吉の朱印状で指示を出す。この日の段階では「たとえ氏政の上洛があったとしても、名胡桃事件の当事者の処罰がなければ北条を赦免しない」と申し送っている。軍事的な緊張は高まったが、即座の出陣ではまだなかった。氏政さえ上洛すれば、滅亡は回避されたかもしれなかった。

ところが、そこに輪をかけて北条家の不手際が加わった。翌二十二日に北条氏政・氏直からの使者石巻康敬《いしまきやすまさ》が到着した。この使者は名胡桃事件の弁明の使者であった。使者だけが送られ、約束の氏政の上洛がなかった。このことに秀吉は激怒した。一時は使者石巻を誅伐せよとまで命令してしまう。秀吉に仕える西笑承兌《せいしょうじょうたい》（一五四八〜一六〇七）はその事態を「殿下御逆鱗《げきりん》」と書き留めている。手の施しようもない様子が滲《にじ》み出ている。

大名間の戦争は禁止するという惣無事令に違反し、真田昌幸の属城である名胡桃城が乗っ取られたこと。そして決定的だったことは約束された北条氏政の上洛がなかったこと。この二つが小田原合戦の原因となった。しかし、後者の件については北条氏政の上洛は十二月に小田原を出立するという約束のはずだった。約束された日程の詳細がどのように秀吉の耳に達していたかはわからない。だが、結果として北条氏政の上洛がなかったと秀吉は整理してしまった。開戦はいささか恣意的にも見えるが、それだけ秀吉の周辺では開戦の気運があったのであろう。先の天徳寺宝衍の書状はその雰囲気を伝えている。

事態は十一月二十四日付で北条氏直に宛てた宣戦布告状へと連なっていく。「北条事、近年、公儀を蔑《べつ》し」で始まり、「来年は必ず出陣し、氏直の首を刎《は》ねる。この決定に変更はない」で終わる朱印状である。秀吉はこの宣戦布告状を北条氏直に送り付けた。のみならず各大名家にも配った。小田原合戦はもはや不可避となった。

年明け早々には上方の軍勢の出陣日が二月十日と定まった。秀吉自身の出馬は三月一日。そして北条氏直が降伏を申し出たのはおよそ四ヵ月後の七月五日。小田原城の引き渡しはその翌六日。結末を象徴する北条氏政・氏照兄弟の切腹は十一日だった。

「北条の夢」は露と消え、「豊臣の天下」が列島を覆うこととなった。

一通の書状

戦国大名武田勝頼の家中に、ある二人の人物がいた。小幡信定《おばたのぶさだ》と原一義《はらかずよし》という二人である。小幡信定は上野国甘楽郡《かんら》小幡（群馬県甘楽郡甘楽町）の領主小幡家の一族である。武田家滅亡後は滝川一益に属し、神流川《かんながわ》の合戦においても滝川方として北条氏直と戦った。神流川の合戦後、北条氏邦を介して北条氏政・氏直に出仕を遂げた。

これに対して原一義は真田昌幸の家臣であったらしく、信濃国真田に居住していた。真田昌幸はすでに見てきたとおり、武田家滅亡後は北条・徳川・上杉・羽柴・徳川と頼る家を転々と変えてきた。混乱の時代の中で自らの家の存続をかけて、懸命の努力を続けてきた。その過程の天正十五（一五八七）年、真田昌幸の次男信繁《のぶしげ》（幸村《ゆきむら》。一五六七〜一六一五）が豊臣家の近臣に抜擢された。おそらくこの縁で原一義は上洛したのであろう。天正十七年八月の時点では三好秀次、のちの豊臣秀次の家臣となっていた。

小幡信定と原一義は武田家以来の関係であった。おそらく、小幡信定も真田昌幸と同じく上野国に所領があったという地縁があったのだろう。それゆえに両家の繋がりは深かった。ところがこの二人は、武田家滅亡とともに互いに別の道が用意されてしまった。真田昌幸と北条氏政・氏直は若神子の合戦以後は敵対関係となった。そのために音信不通となってしまった。

この二人が音信を交わしたのは、豊臣・北条交渉が行われていた天正十七年になってからである。小幡信定は使者を原一義のもとに派遣し、一族の堅固を伝える。疎遠の間に小幡信定は実母を亡くしており、これを聞いた原はお悔やみの言葉を書き送る。自身の近況を知らせつつ。

小幡信定は近々に北条氏直に随って上洛すると伝えていた。氏直の上洛が予定されていた事実はなく、氏政の上洛と取り間違えていたと思われる。もともと上洛を求められていたのは氏政・氏直父子のどちらかであったため、混乱を起こしたのであろう。

この上洛に際して、「京都見物をしたらどうか」と原一義が申し入れた。小幡家の信真《のぶざね》・昌高《まさたか》・源太の各氏それぞれにも見物をするように勧めて欲しいと書き送る。京都で何か御用があれば申し遣わして欲しいと続ける。久しぶりに対面でき、旧交を温めることを喜んだ姿が目に浮かぶ。武田家旧臣という縁が、新しい場面で機能していたことも認めてよかろう。大名家は滅びても、人の繋がりは生きていた。

権力者の浮沈が二人の人物の思わぬ距離をつくり、また解消した。当該の人びとがあずかり知らないところで、その距離は測られていた。そして、一瞬、短くなったように感じた距離感も、次の瞬間には幻影に変じてしまう。小田原への宣戦布告は北条氏政上洛の日程を取り消してしまったのである。一緒に京都見物ができることを予想していた小幡信定と原一義は、この事態をどう受け止めたであろうか。二人の希望と異なる次元で政治は動いていた。二人は小田原の戦場で刃を向けあったであろうか。だとすれば、何とも言いようのない時代の悲劇である。時の政治は思わぬ位置に人びとを据えてしまう。

小田原での合戦で勝者に属した原一義のその後はわからない。豊臣秀次のその後を思えば、彼の生涯も平坦ではなかったろう。敗者に属した小幡家はその後、前田利家に仕えていた。

時の勝者に影響されつつも、彼らは彼らの道を進み、政治の変化と同調せずに、新しい時代を迎えていた。自らの判断で選択した道を生きて。

あとがき

沼尻の合戦を知っている人は、かなりの歴史専門家であろう。かく言う私も、およそ十年前においてはまったく名前すら知らなかった。ところがざっと沼尻の合戦に関する文書を史料集から集めると、その数はあっという間に二〇〇点にのぼった。正直なところ驚いた。しかし驚いたことはそればかりではなかった。合戦の故地を探そうと小字《こあざ》図をみたところ、なんと陣場の地名が一列に並んでいるではないか。しかもその場所は、三毳山《みかもやま》南山麓の田園地帯で、今もなお自然景観をとどめている。なぜこのような研究素材がまだ残っていたのかと不思議に思えた。あまり知られていない合戦。文書史料は豊富。そして景観が残る遺跡としての古戦場。これだけの好条件が揃えば、もうのめり込むしかない。最初に沼尻の合戦を知った頃、『藤岡町史』に取り組んだ頃の心境はこのようだった。

その後、本書の構想を練るため、時代を天正十七（一五八九）年にまで広げてさらに史料を博捜したところ、その数は一挙に約八五〇点にまでおよんだ。集められた史料の大半が書状である。書状はその性格から年号が記載されない。そのため、従来の史料集では「年未詳」で扱われているものが多かった。各自治体史で史料を編年にする際、天正十年代は作業の最後に手を付けると思われる。手間のかかる年次比定は敬遠されることが多かったのではなかろうか。そのような制約もあり、史料集では年次比定ができず、「年未詳」とされることが多かったのであろうと思う。しかし、当該期の書状は政治情勢を伝達する重要な手段である。年次比定をすることによってこそ微細な政治史が復原できる。そこで、内容と記載された月日を手がかりに年次比定を試み、並べてみた。すると今まで予想もしなかった合戦が、そして豊臣秀吉と関東の新しい政治史が浮かび上がった。

もちろん、過程において従来の年次比定を変更したものも少なくない。例えば、「上杉家文書」の宇都宮国綱書状（四月十九日付）である。通説では天正十三年であったが、上杉景勝が連絡した「関左御越山之儀承候」、義宣ではなく佐竹義重の「鹿沼表相動」、織田信雄ではなく「秀吉、三州和与」などの文言から天正十四年に比定し直した。あるいは異論があるかもしれないが、作業の過程でこのような年次の変更は少なくなかった。この詳細についてはあらためて別の機会を期したい。

とりわけ驚いたものは、本書でも大きく扱った徳川家康の起請文である。起請文であるから、当然、年号が原本に記載されている。多くの史料集は「天正十五年」と表記していた。ところが『小田原市史』のみ「天正十六年」と記載。通常ならば、多数を採用するのであろうが、当時の政治情勢に合わせてみて、唯一の『小田原市史』の見解が正しく思えた。そこで「どうしてこの年代なのですか」と市史編纂室に問い合わせてみると、待ってましたとばかりに「史料集の七七三頁に写真があります」とのご返事。なるほどその年号がはっきりと読める。どうやら最初の調査が間違えたためにこのような事態になったらしい。活字史料集の怖さを思い知ったのであるが、逆に、年号があっても内容を読み込み、前後の関連する史料との整合性をはかる必要がある。このことをかみしめることができた。

現代を生きる我々にとって、戦国時代の合戦と聞くと、戦国武将の武勇談を思い浮かべる。多分に明るく、そして楽しそうなイメージがつきまとっている。娯楽の対象ですらある。しかし実際は戦争である。忘れがちではあるが、戦国武将が覇を競った背景には、戦場に動員されたり、巻き込まれたりした人びとがいた。鑁阿寺《ばんなじ》領橋本郷の百姓はその代表事例である。また由良国繁・長尾顕長兄弟や冨岡六郎四郎兄弟、多功房朝などの領主もこの範疇に含めることができるだろう。覇権を競う大名の浮沈と、彼らは直接に関連させられていた。

しかし、彼ら百姓や中小の領主は一方的に虐げられ滅びていったわけではなかった。一部には、為政者の起こした戦争の影響を受けながらも新しい時代を生きていた人びとがいる。のみならず、戦争をステップにして次の時代を築こうとした強《したた》かな人すらもいた。天野景貫・忠景父子や浜野正杞、岩橋盛重であり、覚書を認《したた》めた名のない武士たちである。

勝敗のレッテルは為政者など戦国武将に貼られるのみで、たとえ敗軍に属そうとも動員された人びと、そして戦災を被った人びとは、生き延びれば新しい時代が待っていた。戦場に関わった人といえどもひとたび戦争が終われば、その戦争はもう自身の生死に直接的に影響するわけではない。もちろん戦争責任の問題はさまざまな形で残るのであるが。為政者の勝敗とは一線を画したところで、戦場に関わらざるをえなかった人びとは多様な生きざまを示した。戦後に人びとが力強く生き抜く姿を少しでも描こうと努めたのが、「第5章　合戦の中に生きる人びと」だった。とかく史料が少ない東国史にあって、合戦に関わらざるをえなかった人びとを追求できるのも沼尻の合戦の魅力だった。

そもそも沼尻の合戦の結末は、戦場の武力によってもたらされたものではなかった。最後に小田原合戦の不幸があったが、基本的には天正十六年にいたる政治の舞台が結末を生み出していた。その意味では武力によって勝敗を決しようとする沼尻の合戦は、無用の衝突であったかもしれない。この点は戦国武将の活躍が勝利をもたらし、勝者が次の時代を担うというイメージの戦国合戦とは大きく異なる。沼尻の合戦の名が広く知られることなく今日にいたった原因の可能性もあろう。

イラク戦争が推移するなか、私は沼尻の合戦の考察を進めていた。あるいは両方の合戦をパラレルに見ていたのかもしれない。

本書をなすために、峰岸純夫さんにはとりわけお世話になった。前提をなす『藤岡町史』の原稿をご確認いただいたおり、「おもしろかった！　もう少し真面目に詰めて、大きな仕事にするように」と励ましのお言葉（?）を頂戴した。本書の出発点はここにある。真面目に詰められたどうかは自信がないが、随分と時間と手をかけた仕事になった。また、尾島忠信さん、小山弘二さん、鴨志田智啓さんにもいろいろとお世話になった。研究の契機を与えていただいた方々に深く感謝したい。そして、雑然とした原稿にもかかわらず丁寧に目を通していただいた編集の白戸直人さんにもお礼を申し上げたい。

二〇〇五年五月五日

齋藤慎一

主要参考文献

粟野俊之『織豊政権と東国大名』吉川弘文館　二〇〇一
池上裕子ほか編『クロニック戦国全史』講談社　一九九五
市村高男『戦国期東国の都市と権力』思文閣出版　一九九四
「戦国期東国の土豪層と村落」『歴史と文化』第四号　一九九五
小田原市『小田原市史　通史編　原始古代中世』一九九八
神奈川県『神奈川県史　通史編一　原始・古代・中世』一九八一
鴨川達夫「『惣無事』令関係史料についての一考察」『遥かなる中世』第一四号　一九九五
群馬県『群馬県史　通史編3中世』一九八九
小林清治『奥羽仕置と豊臣政権』吉川弘文館　二〇〇三
齋藤慎一「中世東国における河川水量と渡河」『東京都江戸東京博物館研究報告』第四号　一九九九
『中世東国の領域と城館』吉川弘文館　二〇〇二
「中世の舟橋」『金町・松戸関所―将軍御成と船橋―』展図録　二〇〇三
立花京子「片倉小十郎宛秀吉直書の年次比定」『戦国史研究』第二二号　一九九一
「秀吉の天下静謐令―全国制覇正当化の原理―」『戦国史研究』第二五号　一九九三

「天正十三年の北関東・南奥情勢の把握」『地方史研究』第四五巻第五号　一九九五
東京都北区『北区史　通史編　中世』一九九六
栃木県『栃木県史　通史編三　中世』一九八四
新潟県『新潟県史　通史編二　中世』一九八七
則竹雄一「戦国期江戸湾の海賊と半手支配」『悪党の中世』岩田書院　一九九八
藤岡町『藤岡町史』通史編　前編　二〇〇四
藤木久志『豊臣平和令と戦国社会』東京大学出版会　一九八五
『戦国史をみる目』校倉書房　一九九五
『雑兵たちの戦場』朝日新聞社　一九九五
藤田達生『日本近世国家成立史の研究』校倉書房　二〇〇一
松田毅一・川崎桃太訳『完訳フロイス日本史4　豊臣秀吉篇Ⅰ』中公文庫　二〇〇〇
峰岸純夫『中世の東国―地域と権力―』東京大学出版会　一九八九
「東国戦国期の軍事的境界領域における『半手』について」『中央史学』第一八号　一九九五
「鎌倉街道上道―『宴曲抄』を中心に―」『多摩のあゆみ』第九二号　一九九八
『中世災害・戦乱の社会史』吉川弘文館　二〇〇一
盛本昌広「戦国期における境目の地域と戦争」『そうわ町史研究』第四号　一九九八
矢部健太郎「東国『惣無事』政策の展開と家康・景勝」『日本史研究』第五〇九号　二〇〇五

関係略年表

天正五年　一五七七年

十月二十六日　北条氏政、吉田兼見に牧庵を派遣し、「国の義」について相談する。

天正八年　一五八〇年

三月十日　北条氏政、織田信長に縁組みを申し入れ、関東八州を織田領国に編入したいと提案する。

天正十年　一五八二年

三月十一日　武田勝頼、甲斐国田野で自刃。戦国大名武田家滅亡。

十九日　この頃、滝川一益、箕輪城に入城する。

二十八日　北条氏政、三嶋大社に願文を奉納する。

六月二日　本能寺の変。織田信長没す。

十九日　北条氏直が神流川の合戦で滝川一益を破る。

七月九日　真田昌幸、北条氏政・氏直に帰属する。

八月十日　徳川勢が新府入城する。若神子の合戦。

九月二十八日　徳川家康、真田昌幸に寝返りの連絡を受け、所領を宛行う。
十月二十七日　徳川家康、梶原政景に返書し、若神子の合戦が織田信雄・信孝の調停により、終結となる旨を伝える。

天正十一年　一五八三年

二月十九日　北条勢の厩橋城攻めを毛利北条高広が上杉家臣上条宜順に連絡する。
三月二十八日　毛利北条高広、直江兼続に新田と館林への計策を申し入れる。
四月二十一日　賤ヶ岳の合戦で、羽柴秀吉が柴田勝家に勝利する。
九月十八日　毛利北条高広、北条氏直に厩橋城を開城する。
十一月二十七日　新田・館林・足利の軍勢が北条方の小泉城を攻める。

天正十二年　一五八四年

三月二十日　佐竹義重、羽柴秀吉に多賀谷重経を派遣して東国の情景を伝達する。
　二十八日　足利表で合戦。
四月九日　長久手の合戦。徳川家康、羽柴秀次の軍を破る。
　十七日　宇都宮国綱・佐竹義重、宇都宮から出陣する。
　二十二日　小山において、佐竹義重勢の一部と北条氏直の軍が交戦する。
五月七日　この日以前、下野国沼尻での対陣が始まる。

二十七日　太田道誉、沼尻で陣城を構えての対陣について連絡する。
六月四日　羽柴秀吉、佐竹義重から沼尻の合戦の報を受け、書状を出す。
五日　滝川一益、佐竹義重に、家康討伐後、相模国に出馬すると伝える。
十三日　梶原政景、佐竹義重を見限り、北条氏につく。
十八日　太田道誉、沼尻の長陣の様子を安房国里見家に連絡する。
二十日　佐竹義久、羽柴秀吉に沼尻の合戦の状況を連絡し、今後の忠節を約束する。
七月八日　佐竹義久および梶原政景、羽柴秀吉に沼尻の合戦の経過について伝える。
二十三日　北条氏直、大藤政信に二十二日に沼尻の合戦が終結したと知らせる。
十月二日　北条家、徳川家康への加勢の準備をさせる。
十一月十五日　羽柴秀吉、織田信雄と和議。
十二月二十日　羽柴秀吉、存分な対応がなければ家康・氏直を来春誅伐すると佐野宗綱に連絡する。

天正十三年　一五八五年

正月四日　北条氏照、阿久沢彦二郎に新田金山城・館林城の受け取りを連絡する。
二月十一日　下野国橋本郷の百姓ら、沼尻の合戦の戦災による年貢の減免を要求する。
三月一日　結城晴朝、鹿沼が落居のため、佐竹義重・結城晴朝が出馬したことを白川義広に連絡する。
二十一日　秀吉、根来・雑賀衆を攻める。
五月八日　水谷正村、結城家存亡の危機に際しての一統を那須資晴に懇願する。

六月十五日　羽柴秀吉、宇都宮国綱・水谷正村に富士山一見を伝える。
　二十五日　羽柴秀吉、上杉景勝に小田原攻めを前田利家と内談するように指示する。
七月十一日　羽柴秀吉、関白となる。
八月一日　羽柴秀吉、太田道誉に来三月頃に富士山一見と出陣の予定を伝える。
　六日　長宗我部元親、秀吉に降伏する。
　二十八日　宇都宮国綱、多気山城を築城する。
閏八月二日　真田昌幸、徳川家康勢を信濃国国分寺で破る。
十月二日　羽柴秀吉が島津義久および大友方に九州停戦令を発する。
　二十八日　徳川家、北条家と起請文を交わし、同盟を強化する。
十一月六日　滝川一益、梶原政景に北条討伐を伝える。
　二十二日　羽柴秀吉、里見義頼の献上品に謝し、来春の富士山見物を連絡する。
十二月十五日　北条氏直、宇都宮へ攻め込み、宇都宮および大明神を焼き払う。

天正十四年　一五八六年

正月一日　佐野宗綱、彦間で戦死する。
　九日　羽柴秀吉、徳川家康・北条氏直攻めの出陣について上杉景勝に指示する。
二月八日　秀吉と徳川家康との和議が成立する。
三月八日　北条氏政と徳川家康が沼津で会談する。

十四日	太田道誉、秀吉に北条攻めを申し入れる。
四月十九日	宇都宮国綱、上杉景勝の越山の報を受け、反北条勢の出陣および佐竹義重とともに鹿沼を自落寸前まで攻めたことを連絡する。
五月十九日	羽柴秀吉、佐竹義重に富士山一見を知らせる。
二十五日	大掾清幹、某に皆川広照が北条氏直と和睦したことを連絡する。
七月十日	羽柴秀吉、塩谷義綱・白川義親に家康赦免、関東停戦ほかを伝達する。
	上杉景勝上洛の折、北条氏に異儀があれば討ち果たすと京都で決定され、そのときには景勝が越山すると太田道誉に連絡する。
二十七日	結城晴朝家臣水谷勝俊、白川義親に、皆川広照が北条方となったこと、京都使節山上道牛の下向、関東御下知、佐竹義重の鹿沼攻め、結城晴朝の病状について連絡する。
八月三日	この日、白川義親、北条に対する羽柴政権の今秋の下知を要請する。
	石田三成・増田長盛、真田昌幸に関する秀吉裁定および関東・奥羽の安堵についての方針を上杉景勝に連絡する。
十月二十七日	徳川家康、大坂城で秀吉と会見する。
十一月二日	北条家、秀吉との合戦があった場合の指示を各所に発する。
四日	羽柴秀吉、上杉景勝に徳川・北条討伐計画の中止、徳川家康を関東取次としたこと、真田家問題などの決定事項について連絡する。
十五日	関東惣無事を徳川家康使者朝比奈泰勝が北条氏政に伝達する。

十二月十九日　関白羽柴秀吉が太政大臣となり、豊臣姓を賜う。

天正十五年　一五八七年

三月十三日　小田原大普請。

五月三日　北条家、松井田城の普請を命じる。

四日　北条家、宇津木氏に箕輪城の普請を命じる。

八日　島津義久、秀吉に降伏する。

七月三十日　北条家、藤阿久に金山城の普請を命じ、栢山ほかに軍勢徴発を命じる。

八月二十八日　北条勢が大谷に在陣して多気山城を攻める。

九月八日　佐竹義重、白川義親に書状し、豊臣秀吉の関東御動座について連絡する。

十二月二十八日　豊臣勢来襲に備えて、翌正月十五日を目処に小田原へ兵を集める。

天正十六年　一五八八年

正月五日　北条氏照、領内の寺社から合戦準備のために鐘を借用する。

七日　豊臣勢来襲に備えて境目の普請を命じる。

二月二十五日　施薬院全宗、北条氏規に返書し、上洛を待つと伝える。

五月二十一日　徳川家康、起請文で北条氏政・氏直に京都出仕を要請し、今月中に兄弟衆の上洛を要請する。

閏五月二十六日	豊臣秀吉、北条家赦免により置目を命じる旨を白土右馬助に通達する。
六月七日	北条氏邦、氏規上洛の費用を調達するため、配分する。
八月二十二日	北条氏規、上洛して秀吉に対面する。
二十三日	足利表で合戦がある。
九月二日	豊臣秀吉、佐竹義斯・同義久・多賀谷重経・水谷勝俊・太田道誉・梶原政景に書状し、北条家赦免と関東の境目を確定する使節の下向を連絡する。
十一月三十日	北条氏規、酒井忠次に返書し、北条氏政の近況、沼田の件について使節との調整、および足利の処理について連絡する。
天正十七年	**一五八九年**
正月十九日	天徳寺宝衍、北条氏照の足利攻めを上杉景勝に連絡し、支援を要請する。
二月十九日	この日以前に由良国繁は桐生城破却で小田原在府となる。
	この月、板部岡江雪斎、沼田問題の説明をするため上洛する。
三月十一日	石田三成、宇都宮国綱に北条氏の帰属を連絡し、早々の上洛を要請する。
二十四日	足利攻めが終了し、足利城が破却となる。
六月五日	磨上原（福島県耶麻郡猪苗代町）の合戦。伊達政宗、蘆名義広を破る。
	北条氏直、豊臣秀吉に氏政の十二月の出立で上洛する旨を連絡する。
七月十日	豊臣秀吉、関東奥羽に境目をたてるべく、使者を派遣する。

八月十九日　那須資晴、沼田が北条氏忠に引き渡された旨を連絡する。

十月十四日　北条家、氏政上洛のための費用を領内に配分する。

十一月十日　徳川家康、真田昌幸より北条家が名胡桃城を落としたとの連絡を受ける。

　　十一日　天徳寺宝衍、関東情勢について沼田引き渡し以後に北条氏政の上洛がないため、来月二十日を限って陣触をすると上杉家木戸元斎に連絡する。

　　二十一日　豊臣秀吉、名胡桃落城の報を受け、対北条の方針を真田昌幸に連絡する。

　　二十四日　豊臣秀吉、北条家へ宣戦布告状を送る。

十二月七日　北条氏直、豊臣家に氏政上洛遅延の弁明をする。

天正十八年　一五九〇年

三月一日　秀吉、京都より出陣。

四月五日　小田原城を包囲する。

七月五日　小田原開城。

補　論

中公新書で本書を刊行した際、大きく二つの目的を掲げていた。ひとつには当時、ほぼ無名であった沼尻の合戦を明らかにするということ。そして今ひとつは合戦後の関東と京都との関係を明らかにし、豊臣政権による全国統一を関東から見直してみるということだった。

前者については十分に目的を達することができたと実感している。とりわけ江戸時代の編纂物の誤解などにより、北関東の天正一二（一五八四）年・一三年の政治史が混乱している状況があった。現時点でもこの誤解は解消されたとは言い難いが、沼尻の合戦が確定することにより、その誤解も多少は解消されたのではなかろうか。

また後者については、その後の「惣無事令批判」により明らかなように、研究史の展開への呼び水のひとつにはなったのではなかろうかと思っている。その過程で、例えば一一月一五日付けの徳川家康書状写（『小田原市史』六九九）のように年次比定が大きく動くなど、拙著の記述の根底にある書状の年次比定を変更しなければならないものも多々見られるようになった。この点の詳細については、竹井英文氏らの研究（竹井『織豊政権と東国社会「惣無事令」論を越えて』吉川弘文館　二〇一二ほか）

に委ねたい。それゆえ、本来であれば年次比定を修正し、叙述の変更をしなければならない箇所もあるが、本書再刊の趣旨により当初の発刊のままとなっている。御理解をお願いしたい。そもそもであるが、本書は関東からの視点を重視しており、当時、論争となっていた惣無事令初令の年代に関する論争などについても、正面から取り組むことは意図しなかった。むしろ論点となっていた史料などは避けるように叙述を重ねていた。それゆえに本書の描く歴史像に根本的な変更まではないと理解している。論争の詳細はともかくも、意図するところをくみ取って頂ければ幸いである。

それにしても、いわゆる戦国時代から安土桃山時代にかけて、合戦の経緯を時系列で追うだけでなく、能動的あるいは受動的を問わず合戦に関わった人々の目線で、多角的に見つめることができる事例はさほど多くない。無論、関ケ原合戦や大坂冬の陣・夏の陣などでは可能であろうが、戦国大名による合戦ではなかなか難しいのではなかろうか。時代が天正年間後半に至ったこともあり、沼尻の合戦を取り扱う魅力のひとつには、この点があるように思える。

そこで、以下では刊行時には取り上げなかったいくつかの事例を検証し、合戦が持つ多様な側面を付け加え、より多角的にこの時代を垣間見る視点を提供し、補論としたい。

一　合戦にむけて

徳政と合戦

沼尻の合戦に先立ち、舟橋大神宮（千葉県船橋市）より一件の申請があった（『千葉県の歴史』資料編中世3　第四章一二・一五　高城胤則判物写）。その申請から徳政令が発せられていたことがわかる。徳政令とは一切の債務関係を破棄する法令である。どうやらその徳政令は天正一二年早々に発令されたらしい。その文書から考えると、発令主体は高城胤則なのであろう。多くの債権を有していたのであろうか、舟橋大神宮は自らへの適用を除外して欲しいと高城家に申請した。この申請に対して、高城胤則はまず「迷惑である」と述べている。ここに高城家が主体的な意図をもって徳政令を発令したことがうかがえる。しかしながら、胤則は神慮であるとして、適用除外を認めたのが本状にあたる。そして条件として、御造営・御祭礼以下の神事を滞りなく行うよう命じた。一件落着である。

ここで考えてみたいことは、なぜ高城家が主体的な意思をもって徳政令を発令したのだろうかという点である。情勢を考えれば、沼尻の合戦の直前である。軍勢の動員を命令する時期にあたる。家臣や足軽などさまざまな軍勢を集めようとしたことは想像に難くない。その中には債務を負った人もおり、おそらくは債務によって何らかの拘束される人もいたのではなかろうか。さまざまな拘束から解き放し、人々を本来の姿に戻し、出陣がしやすい状況を生み出す。軍勢動員をより実施しやすくすることがねらいの発令であったと考えられる。それゆえに舟橋大神宮の申請に対して、高城胤則は率直に「迷惑である」と述べたのだろう。

他方、合戦には仏神の御加護はつきものである。出陣に先立って寄進を約束する事例は枚挙にいとまない。逆に、直前に舟橋大神宮との関係を悪化させることも高城家としては当然ながら好まない。ゆえに渋々ながら認めざるを得なかったということになるのだろう。そして、合戦での勝利の祈願さらには善政の達成のために、御造営・御祭礼以下の神事を滞りなく行うよう命じたというのが、高城胤則のスタンスだった。

借銭をめぐる殺人事件

沼尻の戦場に向けて、各地の領主が軍備を整えて出陣しようとしていた天正一二（一五八四）年三月、武蔵国岩付領（埼玉県さいたま市）で殺人事件が起きていた（『北区史』資料編古代中世1・488）。

事件の発端は豊田和泉という武士の借銭の問題だった。債権を持つ宮城泰業は借銭の返済を求めるため、豊田和泉の知行地に二人の使節を派遣した。ところがこの二人が殺害されてしまったのである。殺害の原因は取り立てへの抵抗と理解した宮城泰業は、岩付城の北条氏房のもとに訴えた。対する豊田和泉は事実関係の認否において、書面にて「その時に私は菖蒲領（埼玉県久喜市）に出かけていた」と対応し、関与を否定した。そのため北条氏房家でも事実関係の詳細は不明であると確認した。しかし因果関係は不明であっても催促人殺害の事実は動かしがたく、なぜか豊田和泉の知行は没収され、永代にわたって改易となり、分国から追放が命じられた。もし分国内に留まっていたならば、殺害することも許可されている。実に厳しい判決である。

この裁判には小田原北条家の垪和康忠と板部岡江雪が当たった。当時、北条氏房は岩付城に赴任して数年という時期にあたり、領域支配に関して小田原から家臣が派遣されていた。垪和康忠の署名の肩には「紀明之使」という肩書きが付せられており、まさに臨時的な対応ゆえに職権の由来が記されているのであろう。

それにしても、知行人の殺害事件を岩付の北条氏房家さらには小田原北条家では実に重大な事件と認識し、対応していたことがうかがえる。このことは裁許状の日付が天正一二年三月一一日であることが語っている。この一〇日後には虎印判状で武蔵国内江戸（東京都千代田区）・中野（同中野区）・阿佐ヶ谷（同杉並区）・戸口（埼玉県坂戸市）などに軍資金のための年貢納入が命じられている。まさに戦支度の時期、軍資金積算の真っ最中に裁許は行われたことになる。

事件はこの裁定のあった三月一一日からどれくらい遡った時期に起こったのであろうか。この点は定かにはならない。しかし前年一二月には来たる沼尻の合戦への対応は始まっていた。この時期に重なっていたとすれば、宮城泰業の借銭返済の要求は戦費調達に関わる可能性が高い。同様に豊田和泉の抵抗も、自らの戦費確保のためであった可能性がある。仮に当初において戦費調達の意図がなかったとしても、裁定の日付からは事件の解決にともなう戦費の行方にも関わるようになったことが考えられる。

そして自らの知行人の事件さらには戦費調達とも関連するような事態は早急に解決する必要性を

「糺明之使」の埒和・板部岡の両名は感じていたであろう。何よりも沼尻合戦に動員する家臣の士気にかかわる。そのように考えると、なにやら切迫感も浮かび上がる。背景を以上のように理解すれば、

「事実関係の詳細は不明と確認」しながらも、豊田和泉に厳科を負わせたことも納得ができるのではなかろうか。

沼尻への出陣の直前に裁定された殺人事件。詳細を明らかにしないまま厳科となったことの性急さを感じないわけにいかないが、他方、戦争を前に領主としての厳格な対応を示した姿も注目できるのではなかろうか。この殺人事件にも沼尻合戦を直前とした人間模様が読み取れるだろう。

裁判の停止

岩付では出陣を目前に厳格な法廷が開かれていた。岩付よりほど近い松山領（埼玉県東松山市）でも所領をめぐった裁定が上田憲定によって行われた（『東松山市史』996）。申請をおこなったのは領内に所在したであろう現栄院という寺院。この寺院の詳細はわかっていないが、この裁定から上田家と所縁がある寺院とうかがえる。この現栄院が広野の所領を要望した。

現在の埼玉県比企郡嵐山町広野、教科書のような中世城館で知られる杉山城の北東に隣接する地に慶眼院と万福寺があった。この二ヵ寺の寺領が没収された。この没収についても意見があったようで、現栄院から上田家のもとへ書付が届けられた。その没収や書付の内容をめぐって上田家で対処するところであるが、上田家としても兼ねてより考えるところがあり、現栄院に加えて宝泉院の両寺に、少

しの寺領を寄進しようと考えていたという。また慶眼院と万福寺の寺領については手作りをしたいと望んでいる者もいた。しかし幸いにも現栄院から広野についての申請があったので現栄院に寄進することとなった。

さらにこの決定の上に、今少しの所領を指し添えて寄進したいと上田憲定は付け加える。ところが明々後日までには出陣しなければならず、取り込み中のため、まずはこの慶眼院と万福寺の寺領だけを寄進し、追加分は帰城したうえで、全体を調整して寄進を確定すると書き記している。

また興味深いことに書式の問題も記している。追加分の所領が確定した時に直判を捺した証文を発給するので、今回に先立って発給する印判状の体裁は当座のことであるとし、決して礼を欠いたものではないと述べている。また直判が出された時は、仮の印判状を返納するように命じていた。

現栄院からの申請について、最終的な結論を出さず、当座のこととして処理がされた。略式に発行するには直判を使わずに印判状でという使い分けも注目されるが、この一件から注目すべきこととして二点ほど取り上げてみたい。

まずは、当座の処理となった原因が出陣準備中であると述べられた点である。出陣とは時期から考えて沼尻の合戦にほかならない。上田憲定も北条家から命令されたのであろう。出陣という軍事行動を行うため、上田家の法廷などの機能がストップしてしまうのである。当然、合戦の結末日は決定されていないだろう。時期未定の延期という事態となる。合戦のような軍事行動は時として領域支配を停滞させてしまうことがあったことになる。それを自認しての暫定措置ということも注目できよう。

そして今一点は、この仮に発給された印判状が今に伝わっていることである。廃棄されていない点を踏まえれば、あるいは沼尻合戦後に帰城して、すみやかには全体調整が行われず、最終的には直判による寄進が行われなかったことを暗示しているのではなかろうか。沼尻合戦後、北条領国では対豊臣対策が行われ、各地で城館の改修などが実施されている。さまざまな負担にともなう経費捻出なのか、はたまた危機感ゆえの混乱のためであろうか。現栄院の希望は成就しなかったのだろう。戦乱の世の中の影響と言えようか。

先の岩付領では合戦前にもかかわらず、殺人事件について厳格な裁定を下していた。他方、松山領では当座の対応で最終決定を棚上げしていた。合戦は法廷など領主の領域支配の日程にも影響をあたえていた。

軍勢の通過

沼尻へは下総国・上総国・安房国よりも軍勢が派遣されていた。おそらく大軍が動員されたのであろう。そしてこの三国の軍勢のうちには、どうやら高城領を通過した軍勢もいたらしい。通過に際して、高城領に乱暴などの狼藉がないようにと北条家が禁制を出している（『小田原市史』史料編中世Ⅲ一五九二）。時期はまさに北条家が出陣命令を発している最中にあたる。

この禁制による保護の対象が高城領分となっており、かつ宛先が高城胤則となっていることから、北条家が領全体に禁制を出し、高城家に保護を与えた形になっている。したがって、対象として想定していた軍勢とは北条家に属し、かつ高城家以外の軍勢となろう。おそらくは下総国・上総国・安房国の軍勢がこれにあたる。この軍勢は小金から関宿方面に向かい、途中で岩槻を経て北武蔵の利根川河畔に向かったか、関宿から栗橋・古河・小山方面へと向かったのであろう。

さらに高城家は地域の要請に応えて保護の制札を発行している（『戦国遺文』房総編一九三五）。一般的に合戦にともなう禁制は三箇条からなるお決まりの文言がならぶ。それに対して、この制札は内容がやや細かい。おそらくは受給者である東漸寺と発給者高城胤則側とで具体的な調整がなされた上での文言であろう。とりわけ五箇条目は通常は境内に陣衆が入ることが認められているのであるが、この夏に限っては立ち入らないと定めている。裏返せば高城家は境内に軍勢を入れていたことが読める。しかしこの夏という限定を加えて停止とした。つまり、沼尻の合戦に際して寺のある小金をさまざまな軍勢が通過する。そのため寺の保護を考えて利用の停止を決めたという事情が浮かび上がってくる。

それを前提として読めば、一箇条目から四箇条目まで他領の軍勢に対応して出されたという想定も可能であろう。四箇条目の「悪名之人」などはまさに警戒心のあらわれと読めるのではなかろうか。

合戦は戦場だけで行われるものではなく、関係するさまざまな地域に影響を及ぼした。高城領は北条家に属する。高城家にとっては味方が通行するだけであったが、味方といえどもけっして安全な存在ではなかったようである。戦国時代も終わりを告げようとしていたこの時代にあっても、戦国時代

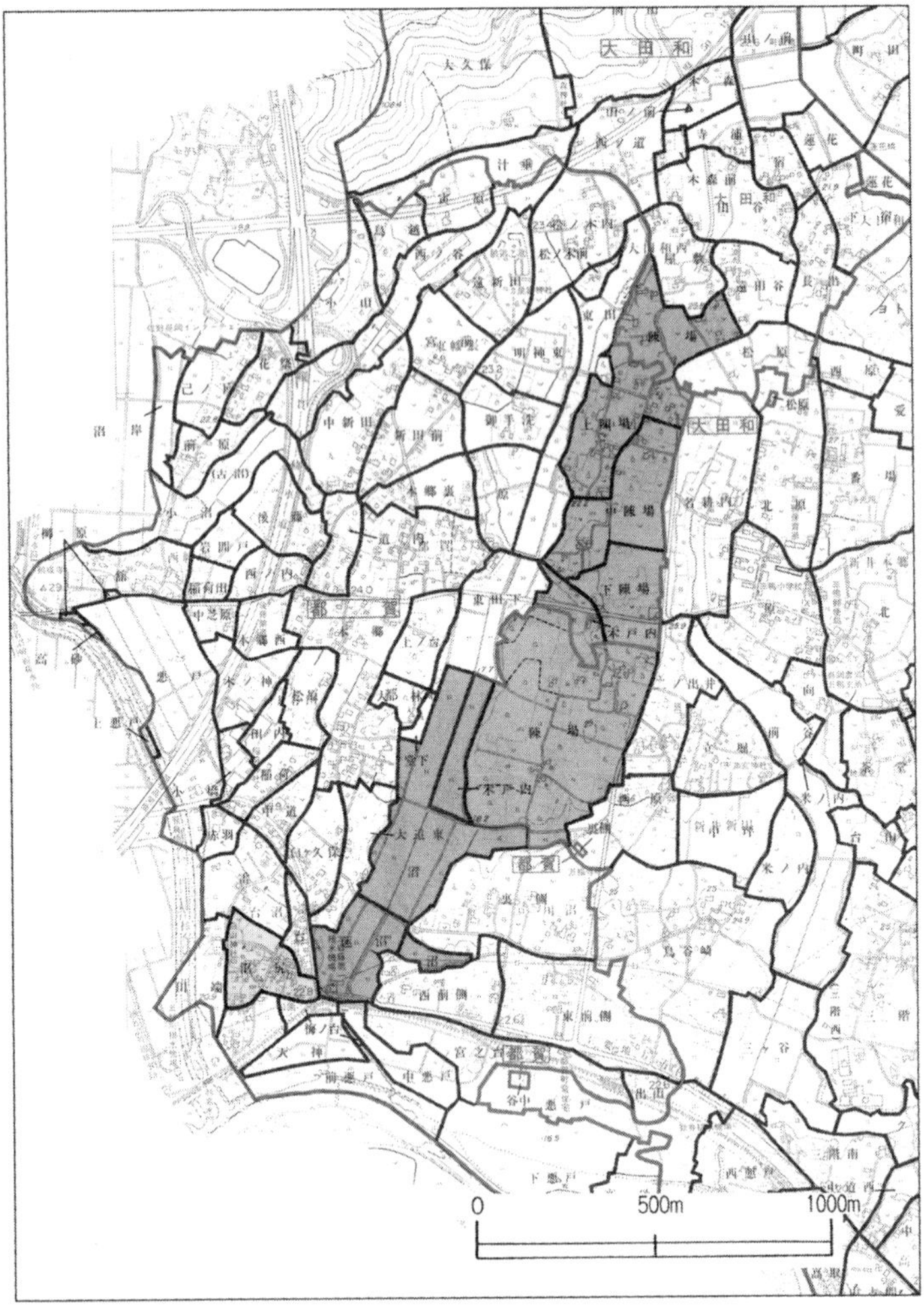

沼尻付近小字図（『藤岡町史』通史編 前編 藤岡町2004）

の自力の習俗はまだまだ生き続けていたようである。

二　戦後処理

高城家の兵粮米

沼尻の合戦終結後、高城家ではひとつの問題が持ち上がっていた。兵粮米が簗田領から戻せなくなっており、その裁定を北条家に依頼していたのだった。その決着に関する古文書が残されている（『野田市史』6―160）。

その判決から経緯を復元してみよう。どうやら高城家は兵粮米を貸し与えていた。提供先は簗田領とあるので詳細にはならないが、おそらくは関宿などの商人なのであろう。ところが簗田領で発せられた徳政のため債務関係が破棄され、高城胤則は兵粮米を取り戻せなくなってしまった。困った高城家は徳政令の適用除外を求めて北条家に提訴する。裁定の依頼を受けた北条家は、徳政を認めず、高城胤則の取り戻し権限を認めたというのが顛末である。先に舟橋大神宮の徳政についてみたが、合戦に先立ち自らは徳政令を発して一方的に債務破棄をしつつも、同年にもかかわらず債権者の立場となれば最後まで要求する。このコントラストがいかにも中世的といえようか。

そもそもこの高城家はなぜ兵粮米を貸し与えたのだろうか。兵粮米が必要となっていたのは、時期を考えれば沼尻の合戦との関係は明らかであろう。長陣にともない兵粮米の補給が必須となった。提供した兵粮米は簗田領を通じて戦地にもたらされた。簗田領で中継に介在したのは、簗田家と明記していないことから簗田家以外の人物と思われ、恐らく関宿などの商人なのであろう。高城胤則から借用し、戦場に転売することによって利潤を上げようとした計画があったと予想される。あるいは高城家もその利潤の配分を受ける予定だったかもしれない。しかし転売の前に合戦が終結してしまったのであろうか、事はうまく運ばなかったのかもしれない。あるいは商人が売却益の独占を考えたのであろうか。借り手は簗田領では徳政が発せられたので、高城胤則との貸借関係は破棄されたと宣言した。この時、高城家は裏切られたと思ったであろうか。

しかし戦争にともなって物資の提供を行っていた高城家の姿が浮かび上がってくる。戦場において軍勢のみで合戦は行われていたのではなく、後方を支える営みがあってこそ成り立っていた。このことを具体的に知ることができる。そしてそのシステムに群がるさまざまな人々も、この古文書は浮かび上がらせている。

移動する鰐口

直接に沼尻の合戦に関連する話題ではないが、興味深い事例なので関連して触れてみたい。現栄院が申請した寺領を裁定した上田憲定ゆかりの浄蓮寺（埼玉県東秩父村）に一口の鰐口が伝わる（『新編埼玉県史』中世5　第一章一五〇）。直径三八センチの青銅製の鰐口には銘文が次のように刻まれる。

奉寄進太平山御宝前　長沼弾正中成勝
当別当代永顕坊昌春　敬白、天文八年己亥九月吉日

現在、東秩父村指定文化財であるこの鰐口、刻まれるのは栃木県栃木市の太平神社であり、奉納者は長沼成勝である。東秩父村とは関係がない。その鰐口がなぜあるか。

伝承によると上田憲定が天正一四（一五八六）年の皆川城攻めに出陣し、その時に持ち帰り、浄蓮寺に奉納したと伝えられている。鉄砲玉の貫通痕らしき穴もあり、鰐口が戦場にあったことも考察されている（梅沢太久夫 改訂版『武蔵松山城主上田氏 戦国動乱二五〇年の軌跡』まつやま書房二〇一一 初版二〇〇六）。天正一四年、北条氏直は皆川・壬生を帰属させ、宇都宮に攻め込んでいる。伝承の年次が正しければ、鰐口はこの時に太平神社から持ち去られたのだろう。

合戦にともなって鳴り物が利用される。進めは鐘などの金属性の音が、退却は太鼓による音が合図とされたという。このうち、鐘や鰐口のような仏神具は敵地で略奪されて自領などに持ち去られ、所縁の寺社に寄進されたことが多かった。重いということもあり、あらかじめ準備されなかったらしい。

そもそも、鐘や鰐口は奉納された地で、地域の安穏を祈念するために利用された。鐘や鰐口を叩くことにより発せられる金属製音は、神のもとに願いを届ける役割を担ったと考えられていた。まさに地域の安穏をもたらす道具だった。

この鐘・鰐口を略奪されることは、安穏が願われるための金属製仏具が地域から喪失してしまうこ

とであり、また略奪者による自領での新たな奉納は、新たに安穏をもたらす道具が地域に招来することを意味していた。軍勢による戦争とは次元を異にする宗教的な場面でも戦争行為が行われていたことを意味していた。

沼尻の合戦にも出陣した上田憲定は、どうやらその後も下野国に出陣を続けていたらしい。そして戦乱のさなかに平和を願う手段の移動の活動も行っていたのだった。

三　豊臣政権の圧力

多賀谷重経の南進

天正一八年(一五九〇)に向けて、北条家に対する圧力は西側からだけではなかった。長く北条家に帰属していた常陸国の小田氏治が佐竹側に転じた。小田氏治は天正一〇年頃には会津蘆名家に対して、佐竹家への帰属の仲介を依頼していた(『牛久市史』4—175)。その後、帰属は認められ、天正一一(一五八三)年二月には人質を差し出している(『牛久市史』Ⅱ1—67)。これにより常陸国における北条家の影響力は一気に南下し、牛久(茨城県牛久市)付近の岡見領が境目となった。岡見氏は小田氏と同族であったが、北条家よりの路線を選択していたのであろう。小田氏治より切り離させる結果となった。これにより岡見家は北条家への接触を強め、北条家は岡見家に人質を要求した。情勢はまさに境目としての様相を濃くしていた。

他方、中央の情勢も変化した。天正一四年一一月、徳川家康はついに上洛し、秀吉に臣従した。これによって東国情勢が大きく転換することになる。翌年二月二四日に秀吉は上杉景勝に宛てて情勢を報じ、関東の問題は家康に預けたものの、もし北条家から佐竹・宇都宮・結城領への攻撃があった場合、出陣を命ずるので後詰めをするように伝えている（『上越市史』三二七一）。秀吉は北条家に対して硬軟両面で臨んでいたのだった。当然ながら同様な主旨は佐竹家ほか北関東の諸家にも伝えられていたはずで、彼らは北条家による不用意な軍事行動を期待しつつ、秀吉の出陣を待ち焦がれることになった。この秀吉の東国方針が伝達される以前、多賀谷重経は秀吉に帰属したばかりの徳川家に書状を出し、「小田原攻めの際は出陣して、走り廻る」と覚悟を伝えている（『関城町史』118）。多賀谷家は万全の姿勢で事態に臨んでいたのだった。

この小田氏治の佐竹帰属、そして秀吉による対北条という状況を踏まえて、多賀谷家は北条家を挑発する行動に出た。天正一五年三月、多賀谷家は牛久沼に突き出した半島に泊崎城（茨城県つくば市泊崎）を築き、岡見領の分断を図ったのである。当時、北条家は北条氏照ら主戦派が主導権を握っており、小田原城の大普請を行い、秀吉との合戦に備えていた。そのような時期の行動である。多賀谷家の南下は秀吉の動きと連携し、北条家へ圧力をかける意味を持っていたことは間違いなかろう。

牛久番

岡見領の危機に際して、北条家は牛久番を派遣し、領国の北東境を維持しようとする。牛久番に宛てられたのは高城家・豊島家・井田家ら牛久城近隣の両総の領主たちであった。北条家は秀吉側の政策を把握していたであろう。したがって積極的な軍事攻勢には出られない。すなわち専守防衛に徹するということになる。近隣の領主を牛久番として派遣し、多賀谷家の侵攻に備えるという境目維持の政策は、情勢を鑑みての苦肉の方策だったかもしれない。

しかし牛久番に派遣される領主の負担は増大する一方であった。たとえば高城家は五月一五日付けの黒印状で「今度、小田原の御普請と牛久の御番を同時に命じられましたので、小田原の御普請のことについては、様々に御免除をお願い申し上げましたが」と、同時の課せられた負担に悲鳴を上げている。しかし事態の緊急性はいかんともしがたく、免除は適わず負担は避けられなかった（『牛久市史』4―207）。牛久番は同年の末に至っても継続していた（『牛久市史』4―245）。北条家は豊臣家との決戦を準備しつつ、牛久番により北への備えも継続していた。そして高城家は豊臣家の来襲を予想しつつも、佐竹・小田・多賀谷などの軍勢の南下に備える役割を負わされていたのだった。

天正一五年一二月二八日、北条氏政は井田因幡守に正月一五日までに小田原に参陣するように命じた。その命令の末には、牛久番が当番である状況を問い、小田原参陣による替えの番衆として高城家と豊島家から派遣することも報じている（『牛久市史』4―217）。牛久番が交替となっても小田原参陣である。フル稼働も極まりない。代わりに牛久に派遣される高城家や豊島家も状況はかわるのものではなかろう。

もはや北条家の強硬路線は限界に近づいていたのだろう。年が明けた天正一六年、北条家は和平路線へと楫を切り、京都へ使節を派遣した。豊臣大名北条家へと転身する道を選択したのだった。

本書の原本は、二〇〇五年に中央公論新社より刊行されました。

著者略歴
一九六一年　東京都に生まれる
一九八七年　明治大学大学院文学研究科史学専攻博士後期課程退学
現　在　公益財団法人東京都歴史文化財団江戸東京博物館学芸員　博士（史学）

〔主要著書〕
『中世東国の領域と城館』（吉川弘文館、二〇〇二年）、『中世武士の城』（吉川弘文館、二〇〇六年）、『中世東国の道と城館』（東京大学出版会、二〇一〇年）

読みなおす日本史

戦国時代の終焉
「北条の夢」と秀吉の天下統一

二〇一九年（平成三十一）一月一日　第一刷発行

著　者　齋《さい》藤《とう》慎《しん》一《いち》
発行者　吉川道郎
発行所　株式会社　吉川弘文館
郵便番号一一三―〇〇三三
東京都文京区本郷七丁目二番八号
電話〇三―三八一三―九一五一〈代表〉
振替口座〇〇一〇〇―五―二四四
http://www.yoshikawa-k.co.jp/
組版＝株式会社キャップス
印刷＝藤原印刷株式会社
製本＝ナショナル製本協同組合
装幀＝渡邊雄哉

ISBN978-4-642-06770-6

読みなおす日本史

刊行のことば

現代社会では、膨大な数の新刊図書が日々書店に並んでいます。昨今の電子書籍を含めますと、一人の読者が書名すら目にすることができないほどとなっています。ましてや、数年以前に刊行された本は書店の店頭に並ぶことも少なく、良書でありながらめぐり会うことのできない例は、日常的なことになっています。

人文書、とりわけ小社が専門とする歴史書におきましても、広く学界共通の財産として参照されるべきものとなっているにもかかわらず、その多くが現在では市場に出回らず入手、講読に時間と手間がかかるようになってしまっています。歴史の面白さを伝える図書を、読者の手元に届けることができないことは、歴史書出版の一翼を担う小社としても遺憾とするところです。

そこで、良書の発掘を通して、読者と図書をめぐる豊かな関係に寄与すべく、シリーズ「読みなおす日本史」を刊行いたします。本シリーズは、既刊の日本史関係書のなかから、研究の進展に今も寄与し続けているとともに、現在も広く読者に訴える力を有している良書を精選し順次定期的に刊行するものです。これらの知の文化遺産が、ゆるぎない視点からことの本質を説き続ける、確かな水先案内として迎えられることを切に願ってやみません。

二〇一二年四月

吉川弘文館

読みなおす
日本史

飛鳥 その古代史と風土 門脇禎二著 二五〇〇円
犬の日本史 人間とともに歩んだ一万年の物語 谷口研語著 二一〇〇円
鉄砲とその時代 三鬼清一郎著 二一〇〇円
苗字の歴史 豊田　武著 二一〇〇円
謙信と信玄 井上鋭夫著 二三〇〇円
環境先進国・江戸 鬼頭　宏著 二一〇〇円
料理の起源 中尾佐助著 二一〇〇円
暦の語る日本の歴史 内田正男著 二一〇〇円
漢字の社会史 東洋文明を支えた文字の三千年 阿辻哲次著 二一〇〇円
禅宗の歴史 今枝愛真著 二六〇〇円
江戸の刑罰 石井良助著 二一〇〇円

地震の社会史 安政大地震と民衆 北原糸子著 二八〇〇円
日本人の地獄と極楽 五来　重著 二一〇〇円
幕僚たちの真珠湾 波多野澄雄著 二二〇〇円
秀吉の手紙を読む 染谷光廣著 二一〇〇円
大本営 森松俊夫著 二二〇〇円
日本海軍史 外山三郎著 二一〇〇円
史書を読む 坂本太郎著 二一〇〇円
山名宗全と細川勝元 小川　信著 二二〇〇円
東郷平八郎 田中宏巳著 二四〇〇円
昭和史をさぐる 伊藤　隆著 二四〇〇円
歴史的仮名遣い その成立と特徴 築島　裕著 二二〇〇円

吉川弘文館
（価格は税別）

読みなおす日本史

- 時計の社会史　角山　榮著　二二〇〇円
- 漢　方 中国医学の精華　石原　明著　二二〇〇円
- 墓と葬送の社会史　森　謙二著　二四〇〇円
- 悪　党　小泉宜右著　二二〇〇円
- 戦国武将と茶の湯　米原正義著　二二〇〇円
- 大佛勧進ものがたり　平岡定海著　二二〇〇円
- 大地震 古記録に学ぶ　宇佐美龍夫著　二二〇〇円
- 姓氏・家紋・花押　荻野三七彦著　二四〇〇円
- 安芸毛利一族　河合正治著　二四〇〇円
- 三くだり半と縁切寺 江戸の離婚を読みなおす　高木　侃著　二四〇〇円
- 太平記の世界 列島の内乱史　佐藤和彦著　二二〇〇円
- 白　隠 禅とその芸術　古田紹欽著　二二〇〇円
- 蒲生氏郷　今村義孝著　二二〇〇円
- 近世大坂の町と人　脇田　修著　二五〇〇円
- キリシタン大名　岡田章雄著　二二〇〇円
- ハンコの文化史 古代ギリシャから現代日本まで　新関欽哉著　二二〇〇円
- 内乱のなかの貴族 南北朝と「園太暦」の世界　林屋辰三郎著　二二〇〇円
- 出雲尼子一族　米原正義著　二二〇〇円
- 富士山宝永大爆発　永原慶二著　二二〇〇円
- 比叡山と高野山　景山春樹著　二二〇〇円
- 日　蓮 殉教の如来使　田村芳朗著　二二〇〇円
- 伊達騒動と原田甲斐　小林清治著　二二〇〇円

吉川弘文館
（価格は税別）

読みなおす日本史

日本の奇僧・快僧　今井雅晴著　二二〇〇円
平家物語の女たち　大力・尼・白拍子　細川涼一著　二二〇〇円
戦争と放送　竹山昭子著　二四〇〇円
「通商国家」日本の情報戦略　領事報告を読む　角山　榮著　二二〇〇円
日本の参謀本部　大江志乃夫著　二二〇〇円
宝塚戦略　小林一三の生活文化論　津金澤聰廣著　二二〇〇円
観音・地蔵・不動　速水　侑著　二二〇〇円
飢餓と戦争の戦国を行く　藤木久志著　二二〇〇円
陸奥伊達一族　高橋富雄著　二二〇〇円
日本人の名前の歴史　奥富敬之著　二四〇〇円
お家相続　大名家の苦闘　大森映子著　二二〇〇円

はんこと日本人　門田誠一著　二二〇〇円
城と城下　近江戦国誌　小島道裕著　二四〇〇円
江戸城御庭番　徳川将軍の耳と目　深井雅海著　二二〇〇円
戦国時代の終焉　「北条の夢」と秀吉の天下統一　齋藤慎一著　二二〇〇円
中世の東海道をゆく　京から鎌倉へ、旅路の風景　榎原雅治著　（続　刊）
日本人のひるめし　酒井伸雄著　（続　刊）
隼人の古代史　中村明蔵著　（続　刊）
蝦夷の古代史　工藤雅樹著　（続　刊）
日本における書籍蒐蔵の歴史　川瀬一馬著　（続　刊）

吉川弘文館
（価格は税別）